积木写作法

让你成为AI时代的新媒体写作高手

戈攀 著

中国铁道出版社有限公司
CHINA RAILWAY PUBLISHING HOUSE CO., LTD.

图书在版编目（CIP）数据

积木写作法：让你成为 AI 时代的新媒体写作高手 / 戈攀著 . -- 北京：中国铁道出版社有限公司，2025. 10.
ISBN 978-7-113-32146-8

Ⅰ. G206.2

中国国家版本馆 CIP 数据核字第 20253195AR 号

书　　名： 积木写作法——让你成为 AI 时代的新媒体写作高手
JIMU XIEZUO FA：RANG NI CHENGWEI AI SHIDAI DE XINMEITI XIEZUO GAOSHOU
作　　者： 戈　攀

责任编辑： 奚　源　**编辑部电话：**（010）51873005　**电子邮箱：** zzmhj1030@163.com
封面设计： 郭瑾萱
责任校对： 刘　畅
责任印制： 赵星辰

出版发行： 中国铁道出版社有限公司（100054，北京市西城区右安门西街 8 号）
网　　址： https：//www.tdpress.com
印　　刷： 三河市国英印务有限公司
版　　次： 2025 年 10 月第 1 版　2025 年 10 月第 1 次印刷
开　　本： 710 mm × 1 000 mm　1/16　**印张：** 17.5　**字数：** 235 千
书　　号： ISBN 978-7-113-32146-8
定　　价： 69.80 元

推荐序

在推荐算法主宰人们关注焦点，短视频的冲击、信息日益碎片化的今天，“文本写作”者正经历前所未有的身份焦虑。如果你还是一个坚守文字创作阵地的新媒体人，想必会深刻感受到算法催生的“日更压力”，以及 DeepSeek 等 AI 工具带来的“替代恐慌”。

文字创作的价值在 AI 的“暴力破解”面前，价值几何？尊严何在？有人屈服于流量的渴求，用 AI 炮制文章，靠套路和数量冲击流量池。有人则试图保持文字创作者的匠心，却被 AI 生成的同质化内容挤压得失去特色。在算法与 AI 的双重挤压下，一种集体性焦虑弥散在新媒体创作者的心头。

老友戈攀的新著正是在这样的背景下应运而生。不同于一般的新媒体创作书籍，这本书没有停留在“如何用 AI 写爆款”的技术层面，而是直击创作本质，提出了一个揭示写作底层规律的观点：写作的本质不是语义迷宫的文字拼图，而是对抗熵增的信息处理。创作者无须对抗 AI，而是要学会用 AI 赋能信息处理，实现写作效率的跃升。

本书的独特价值，在于构建了一个完整的创作闭环：从“信息的思考与重组”出发，提出了独创的“信息积木 × 创作算法”公式，将写作转化为可复制、可量产的标准化流程。

全书以“积木写作法”为核心，将写作拆解为四个精密咬合的齿轮：采装（信息狩猎）→封装（信息锻造）→拼装（信息重组）→优装（信息进化）。这套方法论的精妙之处，在于它同时解决了传统写作的三大难点。

写作没灵感、缺素材。在“采装”环节，提出“信息锤”概念——用“主题锤头”精准击打信息海洋，用“零碎锤柄”捕捉灵感火花。书中详细拆解了建立个人“信息雷达”的五大渠道（搜索引擎、书籍、视频、专业网站、行业牛人），更独创“三录速记法”，让灵感不再稍纵即逝。

行文没逻辑、少信息。“封装”环节的“DRC改编法”，通过“拆解—重构—对比”，教你如何将碎片信息转化为标准化的“知识积木”“素材积木”“灵感积木”。书中提出“必要难度理论”，通过提高信息加工深度，让知识真正内化为创作资本。

成稿速度慢、效率低。“拼装”环节的“热写冷改”原则，打破了线性写作模式，结合认知心理学原理，设计出“模板拼装”“逻辑拼装”“改编拼装”三种工具，特别是“24小时冷却法则”“修改清单”，让文章修改有迹可循，真正实现“完成优于完美”。

从思源笔记到DeepSeek，从信息积木到AI提示词，戈攀自己就在亲身实践这套方法。掌握“积木写作法”的创作者，能够用三分之一的时间产出三倍的内容，真正实现“写作复利”。作为中国电子学会认证的AIGC专家，戈攀对AI工具的运用展现出了宽广的视野。书中没有陷入“AI万能论”或“AI威胁论”的窠臼，而是清醒指出AI写作的三大边界：无法替代人类的情感共鸣、无法突破语料库的中位数水平、无法进行价值判断。

作为一名多年的创作者，我写过不少文章，出过几本书，我依然坚信文字的力量。因为真正触动心灵的，永远是那些经过深度思考、饱含着人性光辉的文字。好的文字，能够让无力者有力、有力者前行。好的文字，能够在AI时代，让我们仍然保留一份独属于心灵的自留地。

用AI赋能助力写作者，能在浮躁的文字海洋中，把准航行的方向，写出更多更好的文字，我觉得是这本书能够带给我们最大的价值。作为一个非专业写作者，我曾见证过博客时代、微博时代、公众号时代，而现在随着 AI 技术和媒体技术的双重进化，内容行业正在迎接一个全新的时代——人机协同创作。

面对这个时代，写作者亟待找到自身的价值定位。我想用《双城记》的开头作为结束：那是最美好的时代，那是最糟糕的时代，那是智慧的年头，那是愚昧的年头。如何看待，取决你内心是否有着对光的向往。

愿这本书，成为你追寻那束光的航标！

谨为序。

梅　俊

北京方寸智能高级副总裁、公文研修院院长

2025 年 4 月于北京

自　序

我的写作之路

时间回到2014年，我开始用网名写博客，第一批读者很快涌来。那一刻，我真切感知到写作的魅力——它不仅能带来名誉，还可创造财富。

2017年，工作中慢慢接触公文，开启公文写作学习，努力朝“笔杆子”方向迈进。工作之余，我自费参加各类培训，尝试写头条、公众号、知乎内容，探索写作方法。为督促自己，定下大小目标，从苦思“日更”的挣扎，逐渐走向得心应手。

2019年，接触李践老师《五项管理》，坚持写“每日反省”。我开始主动留意、观察生活，用文字沉淀思考。渐渐地，写作成了我学习新技能的“脚手架”与动力源。我愈发感受到写作的力量，它兼具刚硬与柔软，在岁月流转中，让我以“致知”为笔、“裁光”作纸，书写成长。

2023年，我学习笔记软件与ChatGPT，尝试将写作方法和工具融合。十年探索，终于形成一套属于自己的写作方法论。

2024年，我下定决心，把这些年的积累落纸成书。

写作给我带来诸多馈赠，资源、合作机会皆因它而来。可以说，这些年我能做成事儿，根源都在写作上。

其实我不喜社交、比较“宅”，若不是写作，这些资源根本不会属于我。

当然，写作之路并非一帆风顺。从公文写作到新媒体写作，一路走来，我经历了不少困难，也走了很多弯路。但幸运的是，我坚持了下来，难题也都一一解决，所以在写作方面，还算是积累了一些实用经验。

那么，写作真的难吗？

坦白说，我认为写作颇具挑战性。

有些人倾注大量努力和汗水写作，文章却无人问津；还有些人，似乎不管写什么都受欢迎，爱看的人越来越多。同样是写作，差距却这么大，你说气人不气人？

前一种人，我称他们为写作的“门外汉”——或许写了很多年，却始终没弄清写作中最重要的是什么。

后一种人，也就是写作的“门里人”，写作对他们而言成了绝招。掌握这一绝招后，越写名气越大，收入也越高。

“门里人”与“门外汉”之间，隔着一道看不见的门槛。

这道门槛在哪里？其实在很多地方都能见到，不少写作大师也提到过，只是你一直没留意罢了。

这本书，就是要告诉你这道门槛究竟在何处。

在长达两年多的实战中，我始终追求两个目标：降低写作门槛，提升写作效率。基于这样的目标，我形成了“积木写作法”—— 一套完全原创、系统且有效的写作方法论，能帮助写作“小白”在最短时间内实现高效学习。

这套写作方法论，将是本书的核心。

你要学的不是常规的写作理论，而是一套别样的写作思维；

你要学的不是花哨的写作方法，而是一套务实的写作算法；

你要学的不是零散的写作技巧，而是一套完整的写作系统。

本书分为三大部分：第一部分为第一章至第六章，主要探讨积木写作法的原理及应用；第二部分为第七章至第十二章，详述几种积木模板及其使用方法；第三部分为第十三章至第十五章，解析积木写作法如何结合 AI、笔记软件及写作收益等内容。

我非科班出身，既无卓越天赋，亦欠精湛技巧，因此借力工具以补天赋之不足，依靠勤奋以填技巧之欠缺，凭借习惯以克能力之有限。本书所有内容均为工作之余整理而成，书写得好不好，不仅在于文采，更在于内容是否有价值。“少则得，多则惑”，一切为你所用。影响一个人的，往往不是厚厚的一本书，而是寥寥几句话。若这本书能为你带来价值，希望能得到你的支持。

最后想说：写作就像马拉松，无关出发早晚，只看能否持续，抵达即是胜利。不要停，慢慢走，直到人迹罕至的地方——满地都是六便士，你的眼中却闪着月亮的光。

戈 攀

2025 年 5 月

目 录

第一章

认知：别说你懂写作

古人云：“文以载道。”写作不仅是文字的拼凑，它更是内心世界的映射。每一个字眼都是一扇窗，透过它，能看到作者的内心世界。别自诩懂写作，写作不仅是表达，更是一种对世界的理解和感悟。

第一节　写作到底是怎么回事

一、AI时代，重塑写作的本质

随着ChatGPT的横空出世及DeepSeek的强势入局，生成式AI的时代已经到来，AI已从玩具转变为工具。

回想1997年，“深蓝”电脑战胜国际象棋冠军卡斯帕罗夫的时刻，人们震惊之余，对使用“蛮力法”取胜的“深蓝”电脑表示不屑。然而，十多年后AlphaGo的出现再次震惊世人，打破了“机器永远无法在围棋上战胜人类”的固有认知。许多人曾认为“机器永远无法像人一样说话”，而这个认知如今也被打破。

AI大模型作为一款强大的生产力工具，可以应用于多个领域，目前不仅可以用于聊天，还可以用于绘画、编程、写作等。

总之，这一次AI并非涉足棋盘，而是踏入了人类语言文字的领域。人类曾自豪地将其视为最后防线和高地，然而现在却面临与五个世纪前的君士坦丁堡类似的危机。

人类正逐步进入一个前所未有的时代。在这个时代，AI不再仅仅是科幻小说的情节，它已经深刻地影响着生活和创作领域。写作，作为人类文明的重要表达方式，也在这一浪潮中发生着深刻的变革。

那么，什么是写作？

认知科学家斯蒂芬·平克说：“写作就是把网状的思考，通过树状的结构，用线性的语言表达出来。”

百度百科定义写作是“人运用语言文字符号以记述的方式反映事物、表达思想感情、传递知识信息、实现交流沟通的创造性脑力劳动过程”。

AI将写作概括为一句话：“写作，是对获取的信息进行思考后用文字重构的行为。”

在当今社会，每个组织和个体在每一天的开始，首要任务都是处理各式各样的数据。除了应对手机上的微信、钉钉以及单位系统中的信息外，还需要花费大量时间来处理学习、阅读、项目等领域的数据。

这些数据一经接收，即转变为信息。因此，现代的每个组织和个人不仅是数据信息的处理者，也是数据信息的创造者。

正如赫伯特·西蒙所言：“信息消费了什么？很明显，它消费的是信息接收者的注意力，信息越丰富，就会导致注意力越匮乏，信息并不匮乏，匮乏的是我们处理信息的能力。”

而商业竞争的本质就是关于注意力的竞争，获取用户注意力最关键的是内容。

抖音、视频号、小红书、知乎之所以受追捧，是因为它们通过优质内容吸引用户的注意力。

随着信息爆发式增长，人们的注意力越来越稀缺，“标题党”、谣言、各种广告信息，已经让互联网用户有了“信息获取抗体”。

“信息获取抗体”是什么？就是很多人已经具备了一种能力，会选择性获取信息，选择性屏蔽一些信息；粗制滥造的信息越来越难打动你的顾客。因此，优质的内容变得越来越重要。

那些能通过处理信息生产优质内容来获取用户大量注意力的人，变成了这个时代最稀缺的人才。

这个时代考验的是信息的处理能力。

AI 的崛起已深刻改变了信息处理模式。过去，信息获取是优势，现在则是如何高效处理信息。

尽管 AI 降低了信息获取的门槛，但它并未取代写作的地位。相反，AI 的介入为深度思考提供了契机。写作不仅是信息的传递，更是思考的工具。而 AI 则在信息处理能力上助力，写作不再是个体的创作行为，而是人类与 AI 的共同创作，为创作者提供更广阔的可能性。

AI 时代，如果来定义写作，一言以蔽之：写作本质就是对信息的思考。

二、你与写作高手之间的三座大山

写作，对许多人而言，似乎总是伴随着一种难以逾越的心理阴影。古人说“两句三年得，一吟双泪流”，这句话真实表达了写作的不易。

刚开始踏入写作的旅程，或许会感到前方有三座巍峨的山峰：怕、难、痛。怕就是写作畏惧，害怕下笔；难就是坚持不易，提取困难；痛就是逻辑混乱，思考不清。这是挡在你与高手之间的三座大山，如果没有翻过去，永远成不了高手。

1. 揭秘写作之“怕”：你到底怕什么

很多人怕写作，怕在以为写作必须有天赋，怕在以为没有掌握正确的写作工具，怕在缺乏写作自信，怕在担心自己的文字不够好，迟迟无法迈出动笔的第一步。这种拖延和害怕写作的情绪，久而久之，就会形成一种潜意识：以为写作很难或者自己不会写作。

“我觉得我写不了”，这才是最大的“心魔”。

事实是，人人皆可舒心写作，不在于能力不行，而在于方法不对。

曾经与一位健身教练的谈话让我深有感触，他指出：“在中国，健身的误解与写作类似。很多人把健身想象成与专业运动员一样，需要大量时间、精力，承受巨大的痛苦。然而，你只需要每天花十五分钟做仰卧起坐，两个月后就能拥有六块腹肌。”

与健身一样，很多人对写作也存在误解，以为它是一项庄重而烦琐的事情，似乎是一项高难度的任务，需要复杂的词汇、华丽的修辞和高度的天赋。

然而，实际上，会说话就会写作！

说话时，会自然地表达自己的想法、感受和意见，不需要在脑海中搜索华丽的词汇，也不需要进行复杂的思维过程。只是将内心的感觉和思考以口头的方式传达给他人。这时你已经具备了写作所需的基本素质：会说话。

如果你还能列举案例解释自己的观点、想法，甚至带点小幽默，那么恭喜你，你已经是一个写作高手了。

说话就是思考，思考即写作，会说就会写。自己要做的只有一点：相信自己。

2. 探究写作之“难”：难点究竟在哪里

让你举起一个 50 公斤的哑铃，你可能举不起来，但是通过练习，几个月后，就能举过头顶。这种你现在做不到，但通过“努力”，几乎一定可以做到的事，这叫作难，难在坚持。

现在给你一个线团让你解开，只要你没有从混乱中找到头绪，给你几年，甚至几十年的时间，也未必能解开。这种被“混乱”封印住的问题，也叫作难，难在复杂。

哑铃

线团

第一种，坚持的难。只要是需要坚持的事情都是艰难的，而写作恰恰是一件需要坚持的事情。

我自己写作也是如此，最早是搭建网站写文章，后来在 QQ 空间、新浪博客、网易博客上面写，写着写着看不到成果、得不到认可就放弃了。直到写公文、写每日反省，才重新捡起来。

第二种，复杂的难。写作这种输出，本质是道数学题。可以做一个小小的测试题目，现在写一篇千字文，分别给 3000 个字、10000 个字、30000 个字，算一算有多少种排列组合。

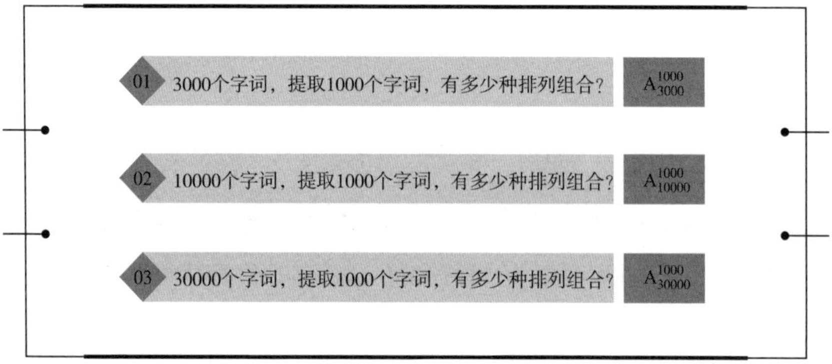

写作是道数学题

这时会发现它是一个无穷大的数字。即使一个小小的写作任务，也需要从数以千计的词汇和表达方式中进行选择。这种选择的过程远超出了人类大脑的计算能力。

把这个数学关系想清楚之后，就明白为什么要提倡写信息积木了，将写作任务分解成一个个信息积木，平时随手完成，既降低了坚持的难度，又减少了提取的难度。

3. 直击写作之“痛”：痛点深藏何处

写作的时候，经常听到一个词：“绞尽脑汁”！脑汁不是重点，但“绞尽”的痛苦你一定有！上学时写日记、作文、论文，工作后写计划、总结、发言稿，还有新媒体文案、公众号、书评、影评……无处不在的写作任务，每次都会感受到“绞尽”的痛苦。

写作的本质是对信息的思考，而思考是一种认知过程，是人类大脑对外界信息进行加工、整合、分析和推理的认知过程，是人类高级智能的体现。

但在实际写作过程中，有时候，脑子里有很多杂乱的点子，却无法通过思考将知识点串成线、连成面。有时候，积累了很多素材，往往在关键时刻找不到所需内容。有时候，好不容易写出来了，却不是通俗易懂的语言，别人听不懂、看不明白，一个人在那边“自嗨”。

而高手写作，则是采取一种积木游戏的方式，将写作化为日常积累，将坚持化为习惯，等到需要写作的时候，随主题调取出日常积累的知识组块、素材组块，组合成想要的文章形状。这一过程就像将思维中的各种碎片化元素，以一种有机的方式，沿着树状的逻辑支线，最终以线性呈现在纸上。

写作很厉害的人，并非一开始就能写得很好，而是功力到了，自然水到渠成。所以，大家不必着急，你写的每个字，都不会白费。送大家一句话，来自罗伯特·麦基的《故事》：无须时常提醒，从不怀疑自己的写作能力，你必须热爱写作，并且还能忍受寂寞。

三、世界一流作家的写作真相

之前读《好好学习》这本书，成甲老师有分享过一个段子：2015 年底，知乎推出了一款付费问答产品，叫“值乎”。当时小马宋在上面设置了一个价值 10 元的问题，问题的大意是：我知道一个快速提升文案写作能力的方法。

成甲老师花 10 元买了这个答案，结果这个答案是：阅读超过一万份经典文案。

有些朋友买了之后，点了差评，觉得此答案哪里是快速提升文案写作能力的方法，简直是最笨的办法了。

小马宋曾在他的公众号里讲过他工作后的学习经历：

“我和同事用了半个月的时间把德国的一本世界级广告创意杂志 10 年来的作品从网上全部下载下来，一共是 20000 个顶尖的创意作品。我又用了近一个月的时间，把它们分门别类地整理成了 10 个 PPT。而我则把这20000个创意反复看了三遍以上。看完这些创意后，我发现，其实市面上大部分广告，创意方法都是来自这些经典的创意，无非变换形式而已。”

很多富有创意的广告，不过是经典创意的刻意组合。

某电视台采访著名作家纳博科夫，问他是如何创作的，他的创作方法论是什么。纳博科夫说：“我并不从开头写起，一章一章地写到结尾。我所用的是知识卡片，就像拼图游戏一样，把卡片一张张拼接起来，然后对画面上的空白进行填充；这儿取出一块，那儿取出一块，拼出一角天空，再拼出山水景物，再拼出……”

高手都是在运用模块，按照一定的方法像搭积木一样来拼接创作。

这会不会是个例？

尼克拉斯·卢曼、安妮·拉莫特、达斯汀·兰斯·布莱克、于尔根·沃尔夫、梅棹忠夫、姚雪垠等人运用同样的方法，也是通过类似的刻意训练，最后都成了高产出的超一流作家。

发现了吗，世界著名作家都在运用这种技巧，把写作的复杂问题拆解为一个个要素，然后按照一定的方法像搭积木一样来拼接创作。这是提升写作能力的不二法门。

朋友圈有个段子你可能看到过：

一女孩把新买的最新款华为手机放在钢琴上，她同学看到后说：“真能显摆！放这么显眼的位置。”

女孩笑了笑说：“我弹着10万元的钢琴，你却只看到一个7000元的手机。”

你的眼光在哪里，价值就在哪里！

你如果看透这种拼积木思维的价值，它就能为你带来巨大的回报，这些回报不仅仅是写作上的。

为了研究这种方法，我学习了卡片写作、九宫格写作、便签写作、笔记写作等写作方法，又研究了印象笔记、思源笔记、Obsidian（笔记管理软件）、AI 等工具，将它们融合于公文撰写、文案创作及新媒体内容制作之中。

在写作方法论这个问题上思考和实践了两年之久，终于从众多写作大师、专家及高手的精髓中，提炼出一套写作法门——积木写作法。

第二节　让写作像拼积木一样“玩”成

一、什么是积木写作法

上一节已经介绍了一流作家都是采取拼积木的方式进行写作，但究竟怎么拼，里面的“道道”在哪里，才是需要解决的核心问题。这个“道道”就是写作的方法论。

方法论就是能广泛解释各种现象，不会变化的底层逻辑。

那么，这就意味着需要掌握的是什么——不会变化的底层逻辑。

不能说今天哪个新媒体平台起来了，写作方法就变成了拥抱那个平台；也不能说哪个平台的规则算法变了，写作方法又要进行认知升级。反过来说，认知一直在升级，只能说明没有掌握方法。只是跟着别人的说法在变化，这样永远找不到自己在这个不确定时代的锚。

积木写作法，是我提出的一种写作方法论，其核心在于掌握不会变化的底层逻辑，而非随波逐流于各新媒体平台的规则变化。这种方法论源自作家实践以及被各行业专家公认的可靠知识，主要参考了认知学、写作学和营销学三门基础学科。

当然了，三门学问都可以做一辈子，都可以出专家、出大师，我只是略懂皮毛，看了一些这方面的书籍，比如《信息简史》《营销管理》《卡片笔记写作法》《风格感觉》……

写作不是要重新发明轮子，而是把人类智慧里面做得最优秀的轮子装在积木写作法这辆小轿车上。

在认知学层面，积木写作法吸收了计算机科学与心理科学的思想精髓，提出了明确的定义及五大核心原则，为写作提供了坚实的理论基础。

在写作学层面，它深入研究了卡片写作、模板写作、大纲写作等传统技法，并结合现代科技，采用了标准化写作流程：采装、封装、拼装、优装，同时巧妙融入思维导图、笔记软件、AI等先进工具，使写作过程更加高效便捷。

在营销学层面，积木写作法借鉴了经典的4P理论，提出了独特的“五种思维”，强调在写作中不仅要关注表面的文字，更要深入挖掘那些看不见的思想和观点，以打造更具吸引力的作品。

讲到这里，借用“理、法、技、器”的理论框架，积木写作法的体系结构图就清晰可见了：

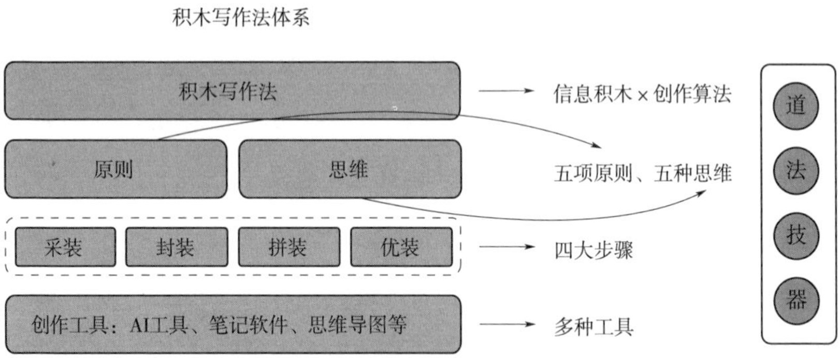

积木写作法体系结构图

其中，“道”是指导思想，为写作提供明确的方向；“法”是规则体系和方法原则，确保写作过程的规范性和有效性；“技”是具体操作技术，即各种写作技法；“器”则是有形的工具，如笔记软件、AI等，为写作提供强大的支持。

有了这张完整的体系图，就能一览积木写作法的全貌，接下来看看积木写作法的定义。

写作与计算机处理信息的过程相似，都是输入、思考、输出的复杂运算流程。而所有复杂现象背后都有其内在的本质。这个本质就像一个黑盒子，人们不知道它如何运转，都把它叫作系统。

系统由外部和内部两个层面构成，外部是由多个模块和部分组成的整体，是系统的基本要素，就像一块块积木，可见而易识别。内部则表现为这些部分之间的互动和关联，是系统的连接关系，就像积木拼接的逻辑，这些无法直接肉眼观察，需通过深入分析才得以揭示。

系统，就是一组相互连接的要素。

比如机械手表，表盘、表冠、表针以及表内部的几百个零件、齿轮，就是机械手表这个系统的“要素”。而这几百个零件和齿轮是如何衔接、如何咬合的，就是它们之间的“连接关系”。

比如一台电脑，普通人不知道它是如何运转的，但是搞清楚电脑基本要素，并把它们组合起来，就能为人类工作。CPU、硬盘、显卡、显示器、鼠标、键盘等，这些都是电脑系统的基本要素！

比如汽车，也是一样的原理，方向盘、座椅、轮胎、发动机、电池等要素组成了一辆汽车。

世界万物都是这样一套原理，要素之间的组合可以理解成积木的搭建。写作也是一样，一篇文章的水平风格来源于精彩的开头、漂亮的金句和引人深思的观点，这些信息之间的组合有一套固定的算法，它们共同构成了文章的系统。用一个公式表示即是：

积木写作法 = 信息积木 × 创作算法。

因此，信息积木便是积木写作法外部的基本要素，创作算法是积木写作法内部的连接关系。

如果说写作的本质是对信息的思考，那么积木写作法便是一套信息处理的操作系统。它的原理是将信息看作积木块，通过一套算法关系进行组合。由此可见，积木写作法不仅是一个写作技巧，还是一种写作方法论，更是一套信息处理系统。

二、降低写作门槛——信息积木

1. 最小写作单元

前面讲了积木写作的原理，积木写作法并不是把一篇文章分成一个个词汇、一个个句子，而是一个个基本要素。

不管多么复杂的文章，也都是由基本要素构成的。在写作的过程中，首要任务就是找到这些基本要素。

这些基本要素，不同的人对其有不同的称呼：

认知学家把它叫作“知识组块”；

知识管理者把它叫作“概念”；

生物学家把它叫作“细胞”；

艺术家把它叫作“点线面体”；

系统工程学里面叫作“单元”。

无论用多么华丽的词汇来形容，本质上都是一个意思！而这些文章里面的要素，都来自日常接收的信息，因此，可以称其为信息积木。

起这个名称的出发点，是让无形无体的信息变成实实在在的物体。一个信息提炼加工成一个信息积木，以信息积木作为写作单元，来达到快速写作的目的。

信息积木就是文章最小写作单元，每一块信息积木必须保证有且仅有一个知识点或者素材点。

什么是最小写作单元？要阐释此点，或许可以借用儿时的一款经典游戏——俄罗斯方块，进行说明。

在玩这款游戏时，我特别喜欢那些规则的小点形状元素。这些元素之所以吸引我，是因为我可以随心所欲地将它们放置在游戏的任何角落。

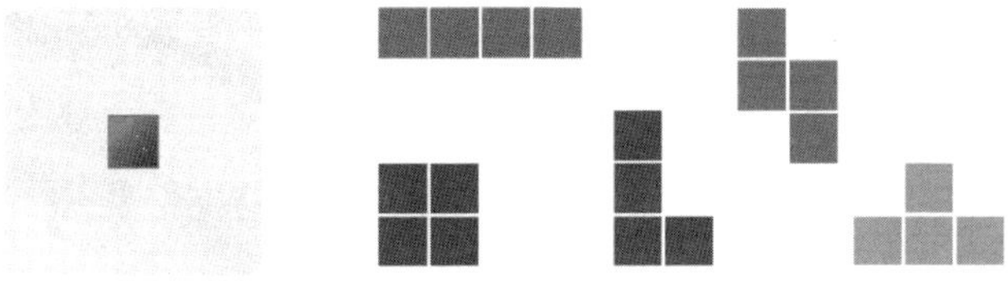

俄罗斯方块

相反，我对那些由多个小点组合而成的固定形状深感厌恶。这些组合形状缺乏灵活性，限制了我的布局选择，常常导致我在游戏中陷入困境。

通过理解这些形状元素的特性，可以引申出“颗粒度”的概念。

在这个游戏中，那些单独的小点就是颗粒度较小的形状，而由多个小点组成的形状则是颗粒度较大的。

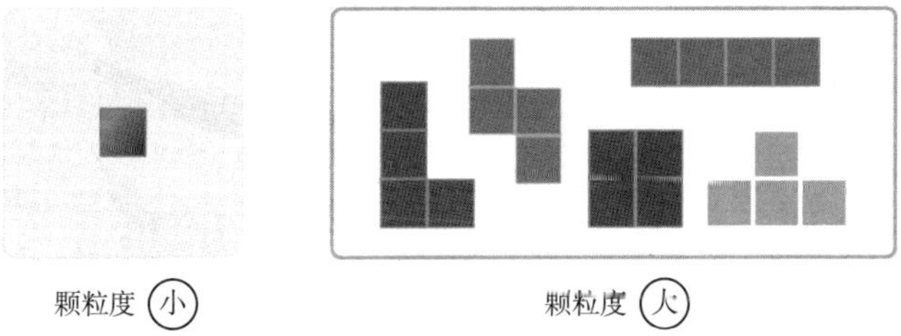

颗粒度

在布局时，颗粒度小的形状更具灵活性，可以适应不同的场景，而颗粒度大的形状则相对受限。

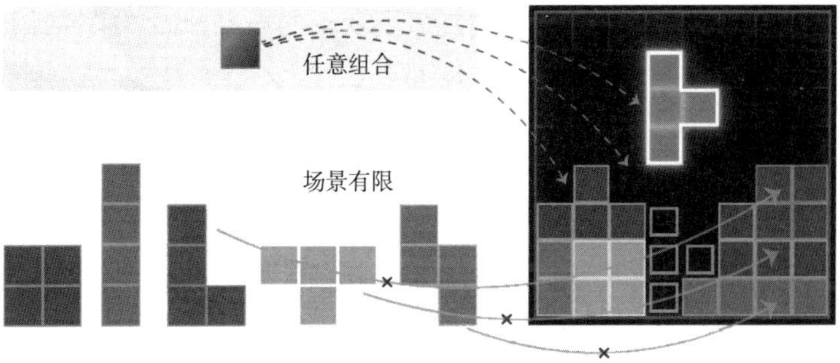

颗粒度越小越灵活

当跳出游戏，回到信息积木的视角时，同样的逻辑也适用。如果一个信息积木的颗粒度过大，包含过多的知识点或素材点，那么它在应用时的灵活性就会大大降低，只适用于特定主题的特定场景。

相反，如果一个信息积木仅包含一个知识点或素材点，那么它的应用范围就会更加广泛。因为单位小、灵活度高，可以像搭积木一样将它们自由组合，创造出更多元、更具创意的内容。

这样就可以把它们像搭积木一样进行任意组合，让积木与积木之间相互碰撞组合，生成颗粒度更大的模块，让思维的灵活性无限延展和迁移。

2. 信息积木的分类

写任何一种题材文章，其实搞清楚三个问题就行了：

（1）知道文章由哪些信息积木组成。

（2）知道文章哪个信息积木是核心。

（3）知道怎么来排列组合信息积木。

文章分类方式有很多，按照我的理解，可分为实用类、文案类、故事类、公文类、其他类（诗词、散文、美文等）。

积木写作法既然是一种方法论，那么它便适用于各种文体。不管哪种文体，信息积木都可以分为三大类：灵感积木、知识积木、素材积木。

灵感积木：那些没有什么明确目的，比较随意的非正式学习，比如与人闲聊、刷视频等不经意间的场景下获得的内容，简单来说，就是脑袋里瞬间产生的富有创造性的想法。

知识积木：在正式学习场景，比如说看书、听课等有明确主题、能专门拿出时间来学习做事的场景下获得的内容，通常为价值巨大的，带有强烈思辨意味的元知识、底层概念、观点、方法、经验、主张等。比如供需关系（概念）、费曼技巧（方法）、“世上没有神，只有常识和通识”（观点）等。

素材积木：内容比较零碎，没有办法或者暂时没有必要建立体系，但是对于自己有用的储备性内容，就可以将其视为素材，比如开头、段子、金句等。

每一种信息积木对应不同的处理方法，简单来说，就是灵感积木要速记、知识积木要提问、素材积木要改编，为了避免认知压力，这些内容我放到“封装”的章节进行讲解。

3. 核心信息积木

虽然信息积木分为三大类，但还要明白两点：

（1）不同文体需要的信息积木不同。

（2）不同文体的核心信息积木不同。

比如实用类写作，它的信息积木包括概念、人物、故事、案例、观点、方法、金句等，它的核心是观点。

比如公文类写作，它的信息积木包括措施（方法）、成绩、问题、计划、目标、意义、背景、形势、例子等，它的核心是措施（方法）。

比如文案类写作，它的信息积木包括营销主张、痛苦、故事、产品、子弹头、客户见证、超级赠品等，它的核心就是主张。

所以从这个角度而言，积木写作法是一套适合各种文体的写作方法论。

想掌握哪种类型文体，一定要一网打尽那个类型的全部信息积木！

只有全面掌握和深入了解某一类型的信息积木，才能做到：

第一，把视野提升到最高程度，从而俯瞰整个类型。

这是成为顶尖高手的关键。如果你不能做到俯瞰你的类型，那么你就是身处此山中，不见整座山形。你的创作只能以偏概全、以点概面，在一片树叶或一棵树上徘徊，获得不了森林和整座山。

第二，才有可能真正把握住该类型的核心和本质。

以偏概全、以点概面的局部认知，永远看不见事物的本质。本质是对全局和通盘的提炼。如果你不把一个类型一网打尽并全部吃透，绝对看不见该类型的本质是什么。

这是一个需要积累的过程，书中把常用的几类整理出来，比如开头、结尾、段子、金句、模板等，在后面的章节进行了详细讲解。同时，新媒体文章包含很广，后续的例子会重点以实用类中的“干货文”为案例进行说明。

三、提升写作效率——创作算法

在今日的时代背景下，若要评选一个学科领域的王者，认知学范畴中的计算机科学无疑会荣登宝座。在人类历史的长河中，从未有哪个学科能够像计算机科学这样，在诸多领域中展现出广泛而深入的实际应用。无论是哪个行业、哪个领域，计算机或其背后的思维逻辑都成了不可或缺的工具。

计算机科学之所以拥有如此强大的影响力，是因为它有能力将复杂的问题转化为算法，进而通过高速且低成本的运算得出结果。这使得人们可以轻松获取数据，并依据这些数据进行决策。

那么，究竟什么是算法呢？

在《未来简史》一书中，尤瓦尔·赫拉利给出了一个生动的定义：算法是一套有条理的计算、解决问题、作出决定的步骤。它不是指某一次具体的计算，而是指进行计算时所采用的方法。

以“如何把大象装进冰箱里”这个问题为例，算法思维的回答是：打开冰箱→把大象放进去→关上冰箱。这个回答虽然有些夸张，但它确实展示了算法思维的核心——将问题分解为一系列清晰、有序的步骤。

算法在计算机科学以及其他多个领域都有着广泛的应用。书中举了一个食谱的例子。假设我们都是厨房新手，现在要制作一道蔬菜汤，食谱就相当于一套算法。其步骤如下：

（1）在锅中热油。

（2）将洋葱切成碎末。

（3）把洋葱末炒至金黄色。

（4）把马铃薯切块，加入锅中。

（5）将白菜切丝，加入锅中。

这种清晰的步骤使我们能够轻松制作出美味的蔬菜汤。更重要的是，这种算法化的食谱还可以根据不同的需求进行调整，非常适合初学者使用。

算法已经成为现代社会中不可或缺的一部分，更逐渐渗透到人们生活的方方面面，包括人工智能、大数据、物联网等新兴领域，写作这一传统艺术领域自然也在其中。

借助算法的思路，如果要撰写一篇文章，便能够以流程的形式来操作了。

第一步：收集信息。

第二步：将无形的信息进行实体化，也就是把信息转化为信息积木。

第三步：再把信息积木进行分类整理。

第四步：整理后从中筛选出关键信息。

第五步：调整各种信息，确定最佳摆法。

第六步：优化完善细节。

用图表示如下：

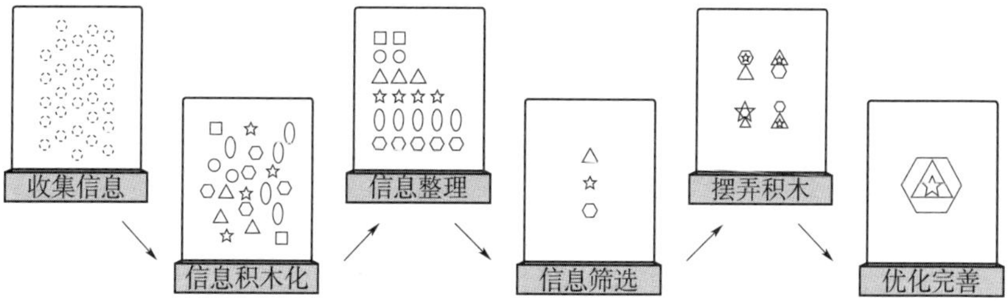

积木流程图

这幅图看上去很简单，却是将算法思维用积木具象化的成果，花10分钟去理解并运用这套信息创作流程，比看10本写作书籍还管用。

可以从这幅图中提炼出创作算法的步骤：采装（收集信息）—封装（信息积木化、信息整理）—拼装（信息筛选、摆弄积木）—优装（优化完善）。

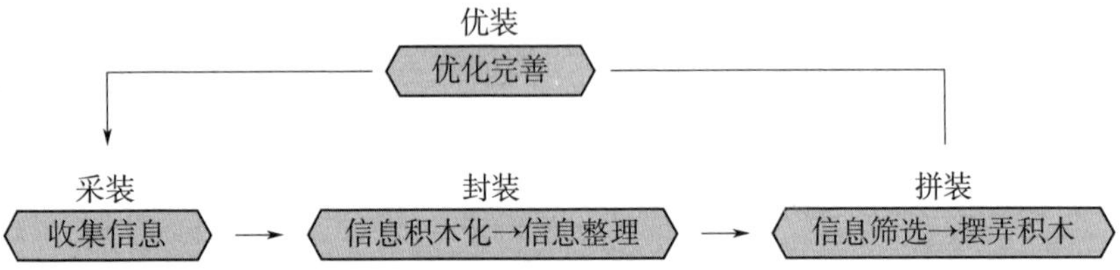

创作算法流程图

这套创作算法的价值，不仅体现在写作上能快速写出让人满意的高水准作品，更在于能整理自己的思绪，把万千杂乱思绪理清并简化。

这是从宏观的角度用创作算法来看待写作流程，如果再从微观层面用创作算法去看待一篇文章，无非就是由“开头”“结尾”“问题”“观点”“案例”“金句”这些意义的句子拼装组成，拼装的算法有模板拼装、逻辑拼装、改编拼装，在后面的章节会有详细讲解。

形象一点来说，只要掌握了积木的写作模式，就能够像搭建积木一样迅速准确地写出文章，不至于像挤牙膏那样，从头挤到尾。整本书，也使用了类似搭积木的方法完成，否则不可能在这么短时间内完成全书。

第三节　人人都能掌握的快速写作法

一、传统写作与积木写作

传统写作，通常被称为线性的大纲写作，是学校和写作课程中常见的教学方法。这种方法按照一个线性的流程进行：先确定主题，再构思大纲，收集素材，然后开始写作，最后进行修改校对。这就像从树干开始，逐渐生长出树枝和树叶的过程。

这个流程听起来可能有些烦琐，但实际上，就像日常吃饭一样，虽然包含多个步骤，一旦习惯，就会变得自然而然。然而，传统写作方法存在一个显著的缺点：浪费。

许多热爱写作的朋友都面临这样的问题：他们阅读了大量书籍，也能写出不错的文章，但一提笔就感到困难。他们在聊天时滔滔不绝，但面对电脑屏幕却一筹莫展。这是因为他们记录的笔记丢失了，阅读时的感悟在写作时想不起来，那些瞬间的灵感也消失无踪。这就是传统写作的浪费之处。

如何避免这种浪费？关键在于知识管理和大脑信息的有效提取。在高频写作中，大脑不擅长记忆，而更擅长思考。因此，我们需要一种更高效的写作方法。

积木写作法应运而生。与传统写作不同，积木写作不再聚焦于单个文字和段落，而是关注信息积木。这种方法的信息提取容量更大、知识密度更高，强调在积累素材的同时，按照最小化模块进行存储。这样，写作者可以将主要精力放在写作思路和观点输出上，而不是耗费时间和精力寻找素材。

举个编程的例子来说明积木写作的效率。在编程中，我们喜欢使用高级语言，因为有预先定义好的库函数可以使用。这些库函数就像一块块积木，我们可以直接拿来使用，而无须自己从头开始编写。同样，积木写作也提供了这样的便利。通过预先构建的信息积木，我们可以更高效地组合出完整的文章。

在积木写作中，当我们面对一个新的写作任务时，不再是从头开始，而是一个个信息积木的组合过程。这些积木可能是一个观点、一个案例、一个数据等。通过将这些积木巧妙地组合在一起，我们就可以“生长”出一篇文章，而不是“生产”出一篇文章。

积木写作既不同于传统写作的“自上而下”，也不同于卡片写作的“自下而上”，而是两者兼顾，通过预先构建的信息积木和高效的组合方式，大大提高了写作效率和质量。它解决了传统写作中的浪费问题，让写作者能够更专注于创作本身。

二、AI写作与积木写作

在数字化时代，AI已成为写作领域的一股新势力。它不仅能有效减轻作者的创作负担，更能激发源源不断的灵感与创意。以AI文稿作为创作起点，作者可依据个人需求进行雕琢完善，最终打造出精品文章。然而，在我们欣赏AI带来的便利与高效时，也应认识到其局限性，确保人类思考的核心地位不被替代。

1. AI写作的显著优势

AI技术在写作领域的运用展现了三大显著优势。

首先，AI能快速产出文稿。凭借强大的数据处理和分析能力，AI能迅速从海量信息中筛选出有价值的素材，并在短时间内生成结构完整、条理清晰的文章。这一优势在新闻报道、紧急公告等需要快速响应的场景中尤为突出，大大提高了写作效率和产出速度。

其次，AI写作具备多样文章生成的能力。它不受特定文体或风格的限制，能轻松生成新闻报道、博客文章、产品说明、科技论文等多种文稿。更值得一提的是，AI还能学习和模仿特定的写作风格，根据作者或读者的偏好进行个性化调整，使文章更符合目标受众的口味，从而增强文章的吸引力和传播力。

最后，AI在写作质量方面也表现出色。通过深度学习和自然语言处理技术，AI能生成语法准确、用词精准的文章，并有效减少人为错误和不当表达。同时，它还能提供有针对性的修改建议，帮助作者改进文章结构，优化语言表达，使文章更加精练有力。

2. AI工具的局限性

然而，尽管AI写作具有诸多优势，但仍需关注其局限性。科幻作家特德·姜曾指出，ChatGPT等AI工具产出的内容相当于对互联网上各种信息的“改写”，本质上是一种二手信息，既无法确保准确性，又难以溯源。这一观点揭示了AI写作的某些固有缺陷。

首先，AI不能凭空生成信息，其所有知识都来源于被喂养的语料。因此，AI所能提供的答案和内容不会超过这些语料的平均水平。此外，互联网上存在大量劣质信息，这可能导致AI摄入的信息越多，其整体水平反而越低。

其次，虽然AI在资料检索和归纳整理方面表现出色，但其可靠性和准确性仍需人为把关。有时AI会捏造出看似合理的答案，或给出冗长而空洞的回复。在涉及对比的情况时，它甚至可能会采取和稀泥的态度，避免得罪任何一方。

3. 人类思考的核心地位

在使用AI写作时，不能简单地复制其回答，而应保持自己的思路和逻辑，并具有判断正误的意识。AI工具能够替代的是大部分客观信息库和对客观信息的总结，但它们无法替代人类的思考加工和实践记录。每个人的知识体系和结构之所以独特，正是因为个体对信息的理解和看法各不相同。

因此，我的观点是：AI写作应该是辅助，而不是主导；是拓展，而不是替代。在积木写作法中，对每个积木的深加工正是自身思考过程的体现。让我们充分利用AI的便利与高效，同时坚守人类思考的核心地位，共同打造出更加丰富多彩的创作世界。

三、测一下，看你处在新媒体写作的哪个段位

说了这么多关于写作的认知，不知道你现在是否干劲满满，准备拿起笔来好好写作，并暗自下定决心，争取一个月在平台发稿，三个月成为内容高手，五个月成为签约作者，七个月成功打造自己的个人品牌，一年后光靠广告收入月入过五万元，从此走上人生巅峰！

唉，理想很丰满，现实很骨感啊。你恐怕还不知道这条写作成功之

路，也是要打怪升级的吧？

写作其实跟太极拳很像，易学难精，入门容易，但是想成为高手，就不那么容易了。金庸先生把天下武林划分为少林、武当、三十六洞、七十二岛。

新媒体圈子里也有自己的等级，我们常说的新媒体写作，是互联网时代的一种新型媒体写作，看看你自己在这个圈子里处于哪个段位？

在《程序员的思维修炼：开发认知潜能的九堂课》一书中，介绍了从“新手”到“专家”的德雷福斯模型，一共有五个阶段：新手、高级新手、胜任者、精通者、专家，这里将它套用在写作上。

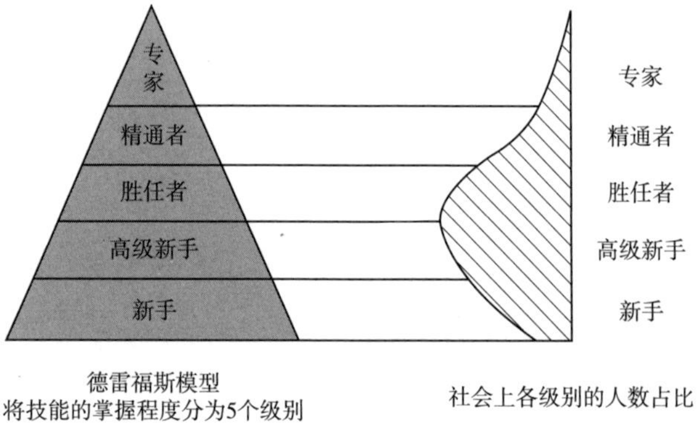

德雷福斯模型

新手：没有任何经验，写作非常被动，基本能够描述所见、所闻，但是有语病，逻辑不通顺。

高级新手：有一定的写作经验积累，可以进行简单创作，能完整地把一件事儿讲明白，但有时会跑偏，写着写着就不知道自己在写什么东西。

胜任者：能够站在读者角度思考，写出迎合读者情绪的文章，或者写出很有价值 / 干货的内容，引导读者进行深度的思考。

精通者：写作功力在某一种类型 / 领域之下登峰造极，有过硬的作品证明自己，这个阶段只有八个字概括——“随心所欲，无往不利”。

专家：拥有自己的粉丝，获得圈内人士的普遍赞誉，那就是最强王者。专家是所在领域发展的开拓者，在一定程度上决定着该领域的知识天花板。专家做事有一个非常厉害的特质——凭直觉，这种直觉源于专业知识和经验的积累，是达到心流状态的表现。

举一个医护人员做心肺复苏的案例：让有经验的医护人员和完成正规培训的医护人员进行心肺复苏操作。邀请初学者、有经验的医护、培训老师来看视频，从中挑选出有经验的医护人员。

所有有经验的医护几乎在所有情况下都可以准确判断出哪些是有经验的医护操作的，正确率高达 90% 以上；初学者大部分靠猜测，正确率达到 50%；而培训老师大部分判断都是错误的，正确率只有 33%。

这个例子告诉我们："要想成为真正的专家，我们需要自由、独立地作出决定，还要经历能够帮助我们学习的必要错误。"只有在实践中才能学会如何去做。

在这五个阶段中，人数最多的是新手和高级新手，其次是胜任者和精通者，最稀缺的就是专家。

从精通者到专家，还需要一点儿运气。

不管想到达哪个等级，首先要改变的就是认为自己不能写作的潜意识，脸皮厚一点儿、胆子大一点儿。毕竟，没有人在一开始就是专家，就像没有账号是从一出生就满级的。即使花钱的玩家，也不可能一开始就全副武装。

积木式写作是一个需要实践的过程，因此最重要的是开始动笔。不必太过在意，即使每天只能写出几个信息积木，也是一个从零到有的进步。正如老子所言："道生一，一生二，二生三，三生万物。"

读书笔记

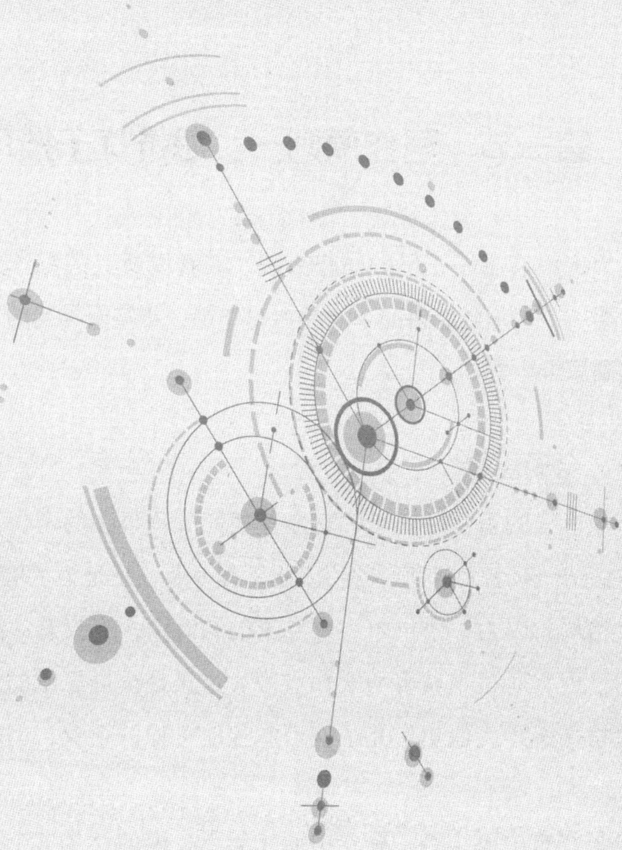

第二章

捷径：学好积木写作的心法原则

百货公司的香水，95% 的成分相似，关键差异在于那独特的 5% 秘方。人亦如此，思维、视野和洞察力构成了每个人的独特之处。你是否觉察到，真正的挑战不在于看得见的东西，反而是那些看不到的东西。

第一节　写作原则一：思维优于技巧

世界上没有唯一正确的写作方法，或者说所有的写作方法在“写作”的第一个字中已经讲完了。学习写作第一步需要构建的，是关于写作的正确思维方式。

一、全局思维

全局思维的重要性在于，它能让我们看到事物的全貌，找到问题的真正症结。某名人让儿子学习土木工程专业，正是为了培养他的大视野和大格局。因为一个土木工程专家的脑海中，不仅有一砖一瓦的精细构图，更有对整个城市的宏伟蓝图。这正是全局思维的力量。有了这种大格局思维，他相信儿子接班掌控航母似的企业，也能够游刃有余了。

孔子登东山而小鲁，登泰山而小天下，说的就是这个意思。站在30层楼你看到城市就是一小片，站到月球上你看到地球只不过是一个球体。这就是全局思维，登高望远，站在高处才可以看到全局、全景。

同样的，写作不仅是文字的组合与排列，更是一个涵盖构思、创作、发布与营销的综合过程。这一理念正是全局思维在写作领域的集中体现。

所以在“积木写作法体系结构图”里，你能看到不仅是写作的术（采装、封装、拼装、优装），还有道（本质），法（原则、思维），器（工具）；不仅仅局限于笔下的文字，还会考虑到作品如何触及更广泛的读者，如何在市场中脱颖而出。这种从创作到发布的全方位考量，正是全局思维对现代写作提出的新要求。

二、系统思维

系统思维不仅关注问题的表象，更致力于挖掘事物之间的内在联系与运行规律。

1948 年，奥地利生物学家贝塔朗菲的《生命问题》一书问世，不仅标志着系统思维的诞生，也开启了系统论的新篇章。尽管书中内容聚焦生物学，但其理念却广泛适用于各类组织和整个社会。美国作家德内拉·梅多斯在《系统之美》中进一步阐释，世间万物均以系统方式运作，每个系统都包含要素、连接以及功能或目标。掌握这一完整系统，即达到认知的巅峰，而系统思维，便是洞悉各要素关系及运行逻辑的关键。

相较于全局思维的高屋建瓴，系统思维更为深入细腻。全局思维虽然也注重整体，但它更多是站在一个高度的、宏观的角度去观察和分析问题，而缺乏对系统内部各元素之间相互作用的深入探究。系统思维则更加细腻和深入，要求人们不仅看到整体，还要看到整体中的每个部分，以及这些部分是如何相互关联、相互影响的。

人的思维一般可分为三个层次：线性思维、面性思维和系统思维。以积木为例，三者区别尽显。

有一堆积木，是零散状态的，每个零件都相当于一个知识点，线性思维的人，会把东西收起来，但是他没有办法下手把积木搭成一个什么形状，他既不知道、也不懂得如何把这些积木进行分类。

对于拥有面性思维的人，我把积木给他，他拿过这些积木不知道怎样把它们搭建成一个什么东西，但是他知道要先把积木做分类，要么把各种颜色分类放在一起，要么按各种大小的区别进行分类。具有面性思维的人，对知识点有归纳总结的能力，但还无法融到自身的系统当中。

拥有系统思维的人，就可以花很短的时间把积木搭成一个他想要的形状。因为他不仅能够看到全局，还能看到构成全局的元素，然后各个元素之间是什么关系，他都能够洞悉。

积木写作法是一套方法论，也是一套信息处理系统。写作是其目标，信息积木为要素，创作算法用于连接，这便是系统思维在积木写作法之中的运用。

三、框架思维

如果能在解决问题、做选择或与人沟通时，找到一种方法，将繁杂的信息整合起来，那么就能更有效地思考，更轻松地应对挑战。这个方法，就是“框架思维”。

要真正理解并运用框架思维，先需要理解“框架”这个词的含义：一层是指在建筑领域，框架是由梁柱等构成的结构，不仅塑造了建筑物的外观，还提供了稳固的支撑；另一层含义是比喻事物的组织和结构。

当采装足够多的信息积木之后，应该以怎样的结构进行拼装呢？是先放这个还是先放那个？这时候，就需要一张“图纸”了，框架思维就是在自己的脑海中构建一个清晰的架构。就像组装自行车时，需要知道哪个部件应该放在哪个位置。写文章也一样，除了知道有哪些信息积木，还需要知道它们之间的结构。这就是框架思维在创作算法中的应用。

一篇文章分好几个部分，哪个部分先写，哪个部分后写呢？在写作时，可以采用“自上而下”的方式，先构建文章的逻辑框架。例如，列出提纲和要点，确保构成一个逻辑合理且完备的整体，然后才开始向其中填充信息积木。就像一条生产自行车的流水线，工人们按照顺序组装自行车一样。

这个大纲其实就是框架。以这段文章为例，用了两种框架技巧：一种是罗列式写作模板，一种是纵向（从大到小）写作逻辑。

那么，这些强大的框架又是从哪里来的呢？在后面的“拼装”篇、

“模板”篇中，会详细展示如何操作这些模板，这里就不再赘述了。

四、模块思维

在写作领域，新手与资深作者的差距，并非单纯在于知识量的积累，而在于如何组织和运用这些知识。资深作者之所以能够游刃有余地创作，关键在于他们具备一种高效的思维模式——模块思维。

先要理解一个概念，什么是模块思维，简单来说，就是接收的一大段信息，是需要提炼出核心要点，压缩成一个独立的知识块，然后快速地对它进行处理和保存。

就像压缩饼干一样，把大量的能量压缩到了一块小小的饼干中，吃一块就能顶一天的能量。如果我们能够做到对信息进行压缩，就能实现更大的记忆容量，有更快和更准确的处理速度。

真正的行业高手，能够将复杂的新事物简化为几个核心公式、定律或思维模型。这正是模块思维的精髓：将相似或相关的事物整合成标准化的信息积木，使其具备可重复性和流程化特点，便于随时调用和组合。

这句话到底是什么意思呢？其实就是在说明，写文章就像搭积木一样。如果想涨粉，就把涨粉的信息积木堆在一起；想要流量，就把吸引流量的信息积木组合起来；如果想塑造个人形象，也有专门的信息积木助力实现。

如果能够在阅读过程中，运用模块思维对信息进行简化归类和总结压缩，按照知识积木、素材积木、灵感积木来进行压缩，对于主题相同或相似的信息能快速地在脑海中归成一类，就能更好地将书中的知识转化为自己的智慧。

在写作时，只需根据写作目的，从信息库中挑选合适的信息积木进行组合。这种搭积木式的写作方式，不仅提高了写作效率，还能保证作品的质量和针对性。

五、三者思维

写作要有三个角度，分别是读者、商者、作者，对应的就是读者模式、商者模式、作者模式，这三种模式写作的时候要随时切换。

（一）读者模式

读者模式顾名思义就是站在读者的角度来考虑怎么写，要解决的是“写什么”的问题。要明白，写什么比怎么写更重要，只需把握三个方面：设定目标读者、把握读者需求、预设读者反映。

（二）商者模式

商者模式要解决的是“如何卖”的问题，这是从“写”到“产”的范式转变，大部分人只关注文章的文化属性，而对其产品属性视而不见。

写作之所以如此重要，是因为通过这项技能，可以把一切能力、经验、知识、认识、思想等封装成内容产品，让无形的东西变得有形、可传播、可出售、可复制。

请记住，你做出来的首先是商品，其次才是文章。全球畅销上亿册的《心灵鸡汤》的作者马克·汉森认为，写作最关键的地方，就是要像商人一样思考。

作者不仅是产品制造者，更是一个创业者。自己有一件产品要卖。需要像商人一样去思考，怎样才能把产品卖出去。这就意味着，不仅要花时间在内容编辑上，更要投入时间在营销活动上。

不要觉得这样太过势利，韩寒在《飞驰人生》上映后说：“优秀的创作者，从诞生的第一秒就应该是商人。”

（三）作者模式

作者模式要解决的是“怎么写”的问题，说白了，就是要写出文者的心，也就是说，到底想表达什么，只有有自己的想法，才会成为一个优秀的、有灵魂的作者。

只要你敢写，就有人敢看，流传于世的艺术大都不完美，大胆表达比什么都重要。观点大于逻辑，逻辑大于材料，材料大于语言。如何言简意赅地表达自己的观点，这是每个作者的必修课。

第二节　写作原则二：做到优于知道

《文心雕龙》有云："凡操千曲而后晓声，观千剑而后识器。"在我看来，人与人之间最显著的差异，除了认知水平外，还有认知与实践之间的差距。在写作的艺术与技巧探讨中，要明白，写作不仅是认知活动，更是一门需要实践和锤炼的技艺。别想着单靠看看书、观看视频就能轻松掌握写作，那可不现实。因此，提出了第二个写作的原则：做到优于知道。边做、边学，边思考、边改进。

1. 把"做"放在第一位，强调了行动、实践的重要性

举个例子，如果钢琴大师在音乐厅举办了一场音乐会，并在演出结束后，将自己的演奏技巧和心得详细地分享给在场的每一名观众，甚至还把演奏的乐谱和指法全部公开。之后，音乐厅为了满足更多人的需求，把这些分享内容制成了详细的教程视频，并放在官网上供人们反复学习。

那么，是否每个学习了这些教程的人，都能成为出色的钢琴演奏家呢？显然，只是看视频学习，没有日复一日的实际练习，是无法掌握钢琴演奏的精髓的。

写作其实同开车、汽修、剪发、弹琴、种地是一回事。技巧和规律固然可以帮助我们快速占领认知的高地，但只要是一门实战和实践的技

能，就必须回归到“做”的本源。这也就代表着，大家在学习技巧的同时，还需要借助练习进行训练，并且是刻意练习、反复练习。

2. 做的过程中要学习

这里的学习，主要讲的是“模仿”。研究做得好的前辈的做法，参考别人的经验，完善自己的做法。

很多人分享自己成功经验的时候，讲自己进入一个领域，常常第一项工作就是把这个领域做得最好的人或者作品找出来，然后“像素级地研究模仿”，通过这个方法来掌握这个领域的基本逻辑。同样，在积木写作法中，我也模仿了很多大师的方法，比如富兰克林的写作法。

3. 除了学习和实践，还需要反思

《论语》中说“学而不思则罔”，苏格拉底也说过“未经反省的人生不值得过”，反思是一个重要的环节。在写作之后，要反思你的作品，找出其中的优点和不足，思考如何改进。这个过程有助于你更好地理解自己的写作风格和弱点，并逐渐提高写作的质量。

4. 从反思的启发中，找到改进的方向

当思考自己的写作时，要寻找可以改进的方向。有时候，这可能是一个小细节，有时候则是一个整体结构的调整。不断迭代和改进是提高写作水平的关键。

学会技巧与实际应用是两码事，知道与做到之间隔着十万八千里。学习之路是一个从技巧到直觉的过程。通过不断练习和实践，可以将这些技巧深深地烙印在自己的大脑中，最终实现写作的直觉化。就像张三丰教张无忌太极剑的故事中所说的那样，忘记了技巧，但仍能娴熟地运用时，那才是真正的写作高手。

第三节　写作原则三：习惯优于坚持

任何事情，前面加上“每天”两个字，就会变得很难。

写作，这个技能虽然谁都想掌握，妙笔生花谁不羡慕？但说实话，写作其实是有点“反人性”的，毕竟，不是每个人都能持之以恒。

问题的关键，其实并不在写作本身，而在于那份“坚持”。人们总是追求快乐，逃避痛苦。现代人生活节奏快，工作繁忙，人际关系复杂，下班后再挤出时间和精力来写作，确实不容易。加上人的惰性，总会找各种借口：没时间、没心情、没机会等。

但请记住：“任何事都有简单的方法！”

说到坚持，有件事每个人都能做到，且从未觉得艰难或烦琐，那就是吃饭。是的，吃饭，这个人类每天为了维持生命而做的事情，从出生到生命的终结，几乎从未间断。想象一下，如果一年 365 天，每天三餐，那就是 1095 餐。一年到头，餐餐不落，但从未觉得这是个负担。

有人可能会说，吃饭是生存所需，当然不难坚持。好，那就换个角度来看这件事。暂时忘掉吃饭是生存所需，只把它当作一项任务：一年要吃够 1095 餐，甚至需要在墙上做个记录，每吃一餐就画个记号。这样听起来，是不是感觉任务艰巨？

然而，在现实生活中，并不需要这样去计算和记录。因为都知道，1095 餐就是一天三餐，只要每天按时吃饭，一年下来自然而然就完成了。在这个过程中，只需要告诉自己每天要做什么，而不需要时刻提醒自己要坚持。这个过程中其实并没有所谓的“坚持”。

这样的例子说明，有些事情，只要将其融入日常生活，成为一种习惯，就不需要刻意去坚持。而这种习惯的力量，是强大而持久的。

或许，用每天必需的饮食来比喻，你无法深刻体会。那么，再举个例子，想象一下，如果要求你在一年内读完并理解60本书，会不会感到压力大，甚至一看到书就头疼？这样的阅读还有什么意义呢？

阅读的初衷是为了让自己明白道理，感悟人生，但如果阅读带来了巨大的压力，那还谈何享受和收获？其实，可以尝试轻松一些，有空时随手翻开一本书，哪怕只读到两句有用的话，那也是一种收获。

一旦你对自己说要坚持，那么很可能你最终会坚持不下去。因为“坚持”这个词本身就暗示着这是一件困难的事情，而人的本能是逃避困难。所以，最好的坚持就是不坚持，因为没有坚持的念头，自然也就无须坚持了。

事情就是这么简单。人的心性其实很容易锻炼，当你习惯了一件事情，就会发现自己能够坚持做好任何事情。这不是自满或骄傲，而是你本来就拥有的能力。

将坚持转化为习惯，需要循序渐进、有策略地进行。想象一下，如果让你每天跑5千米，可能感觉是个艰巨挑战。那何不从小目标开始？每天跑1千米，或者甚至只是500米，又如何？或者，试着每天爬一次楼梯来开始你的健身之旅。

或许，每天去健身房遥不可及，那为何不试试每天做5分钟的平板支撑？或者快速完成10个深蹲，那不过是几分钟的事。

想要完全戒糖，不必一开始就对自己那么苛刻。试着每天少喝一杯奶茶，或者只是减少半杯的摄入量。那些“珍珠”，少吃几颗也无妨，对吧？

关键是，不管起点多低，都先启动，再坚持，再进阶，收获反馈，逐渐形成一个正向循环。

以我自己的写作经历为例，我开始时的目标仅仅是每天写下三个信息积木。但当我发现这仍然具有挑战性时，我进一步简化了目标——只要我脑海中有过写作的想法，或者仅仅是有写作的意愿，就算完成了当天的写作任务。

永远记住，先让自己上车，再调整姿势。正如马斯克所言：“最重要的是无论干什么，你先非常粗糙地去干！”

第四节　写作原则四：复用优于时效

在写作的世界里，有条黄金法则：永远不要从零开始。这个法则的核心思想是，写作和思考不是从一张白纸或空白屏幕开始的，而是建立在你已有的观点、知识和经验之上。

想写文章、出书或做研究，都需找个起点。这起点，并非空白，而是你的积累。别误以为空白就是起点，正如生命之初依赖父母的哺育，写作也离不开之前的积累。

这些积累，或许是学习的成果，或许是专业领域的洞见。它们如同水库，储存着丰富的素材和信息。

理解这一法则，需要探讨解释学循环法则，它是写作和研究的基础。要写出一篇优秀的文章或研究论文，需要提出一个好的问题或主题，然后围绕这个问题进行深入思考。但问题的提出和主题的确定并不是凭空产生的，它们是建立在对某个领域已有知识的基础上的。

这意味着，每一个知识性的努力都是从已有的观念和知识开始的，然后在进一步的探究中逐渐转化和发展。你的思考和写作都需要有一个起点，而这个起点通常是你已经知道的一些东西。这就是为什么永远不要从零开始的原因。

《程序员修炼之道——从小工到专家》的作者之一安德鲁·亨特有一个观念值得思考：你应该像管理金融投资组合一样来管理知识。

确实，在投资领域中，投资者追求“复利”，写作也可以通过积累与持续的积木搭建，逐渐蓄积力量，最终获得丰硕的“复用”成果。

复用并非追求一蹴而就的灵感，而是在持续的积累中激发出强大力量。它的本质在于：小而稳定的进步，随着时间的推移，会产生巨大的影响。就像投资中，本金不断积累，利息也会以复利的方式递增，使财富快速增长。

在写作中，这意味着每天进行一点点信息积木的创作，积少成多。这可能是一个观点的深入思考，一个段落的精雕细琢，或者一个词语的巧妙选用。这些似乎微不足道的努力，随着时间的推移，将积累成深厚的写作底蕴，使你的作品更具分量。

写信息积木的最大目的就是未来复用到文章创作中去，所以，在写信息积木时，尽可能思考提高其复用可能，尽可能消除其时效性，降低其单次使用或静止保存的可能。

在写信息积木的时候就要谨记：好想法是可以回收利用的，好的积木并非只用一次，它的价值不在于保存，而在于反复调取，调取次数越多，信息积木就越有价值。所有现在写下的信息积木，都应该值得让未来的自己提取复用，甚至感到惊讶。

人生当中重要的不是时间，而是累积出什么成果，想要让信息积木有价值，就要在一个主题反复磨炼精进。

我一直强调一个观点：人生要做有积累的事情。

有人认为，写作就像自来水，一拧就有。但真相并非如此。写作是从水库中引水，要想有水流出，必须先蓄水。这“水库”，就是自己的素材、见闻、灵感和思考。它们是写作的命脉，构成你的素材库。库中应有经典标题、开篇结尾范例、生动比喻等。写作遇困时，轻松调取，如电影剪辑般自如。

做正确的事，剩下的一切交给时间。

第五节　写作原则五：完成优于完美

在写作的江湖里，不少初出茅庐的朋友常常误入歧途——他们一心追求完美，却忘了完成才是硬道理。他们可能为了一个句子纠结得夜不能寐，或者因为一个段落不够满意就停滞不前。然而，真正的写作智慧在于理解一点：完成，总是优于完美。

为何完成如此关键？因为一部未完成的作品，无论其开头多么精彩，都只能算是半成品。它无法呈现完整的故事，也无法传递作者最终想要表达的思想和情感。更重要的是，只有完成的作品才能接受读者的全面评价。一个章节、一个段落，甚至一个句子的好坏，都只有在整体的语境中才能被恰当地评判。

那么，如何克服对完美的过度追求，从而专注于完成作品呢？

写作者需要先接受自己写得差的事实。别不信，在公众号还没兴起之前，我注册博客写文章时，很焦虑、很迷茫，经常为了一个词语的华丽表达而抓耳挠腮，写到一半又感觉意境不够美，常常半途而废，或因为一个段落不够好而停滞不前。后来看到一句话才豁然开朗："写作就是从心底接受自己暂时写得差这个事实。"

很多写作新手也会遇到这个问题，总觉得自己写的文章这里不好、那里不好，甚至觉得是垃圾，感觉没有必要发出去。这种想法是错误的，正因如此，文章才迟迟写不出来。

其实新媒体写作，并不需要那么多华丽词语表述，只要把一件事情说清楚，有自己独到的见解，条理清晰即可。

初学写作，就像小时候学走路一样，没有人是一开始就可以走得很好的，都是蹒跚起步，不断跌倒，被鼓励，然后才慢慢学会的。

现在写得差没关系，关键是要赶紧开始写，每天坚持写。放眼长远点看看，半年后、一年后、三年后，自己的写作水平岂不是越来越好了吗？所有优秀的作品和完美的事物，在它们刚开始的时候都不是完美的。从粗糙到完美，就是一个不断学习和成长的过程。

在写作过程中，学会接纳自己的不完美，也要相信自己通过不断写作，最终能够写出自己满意、读者也满意的文章。

很多事情，其实并不难，难的是我们要如何战胜内心的畏难情绪。其实写作也是一样，很多小伙伴因为担心写得不好，会陷入“拖延”的怪圈，迟迟无法动手开始完成作品。但其实，追求完美反而会成为写作的绊脚石，先完成后完美才是写作的正确态度。

写作，就像任何一项创作活动一样是一个从无到有、从粗糙到精细的过程。不能期望一开始就写出完美的作品，正如不能期望一颗种子刚种下就能长成参天大树。任何事情需要先完成、再完美，先让自己的思想和情感在纸上自由流淌，然后再回头去雕琢、去完善。

第三章
采装：从“搜主意”开始

唯一没有瑕疵的作家是那些从不写作的人。

——威廉·哈兹里特（英国文艺评论家，代表作《莎士比亚戏剧中的人物》）

第一节　精准定位，捕捉优质信息

巧妇难为无米之炊。这个“米”就是信息，大大提高写作速度的重要秘诀就是有意识地采装信息。

采装信息就是采集信息并进行集中保存。

然而，信息时代的大脑处理能力面临严峻考验，海量信息如潮水般席卷而来，而大脑的信息处理速度远远跟不上。

正如普罗塔哥拉所说：“头脑不是一个要被填满的容器，而是一个需被点燃的火把。”

现在的互联网，各种信息都不缺，缺的是找到有价值信息的方法。很多问题的解决方法就在网上，但是由于各种垃圾信息、假信息的干扰，搜索这个问题的时候出现了几十万条结果，答案也是五花八门。

这就引发了一个疑问：如何在海量信息中快速地搜索出对自己有用的信息？

其实，信息采集的思路非常简单。一个信息采集能力够强的人，能够在短时间内就找到目标信息，不外乎两点：

一是知道“找什么”，即搜索的信息。

二是知道“怎么找”，即有效信息源的入口。

下面就来分别解答这两个问题。

第二节　重塑标准，筛选触动信息

人类追求的是什么样的信息呢？

《巨人的工具》的作者蒂姆·费里斯，他获取素材来源的途径很独特。他说当你搜集信息时，看你的身体对信息做出的强烈反应。如果信息打动了你，也一定能打动别人，就赶紧记录下来，作为创作素材。

因此，信息采集并非单纯地收集数据，而是寻找那些能够引发内在共鸣的信息，将触动作为核心。我将这类信息称为“触动信息”。

即便别人将某个信息夸赞为“干货”，如果它无法引起自己的共鸣、启示，或者不能在认知和行为上带来改变，那么对自己而言，便是毫无意义的。

用一张图来表示，就能“秒懂”了。

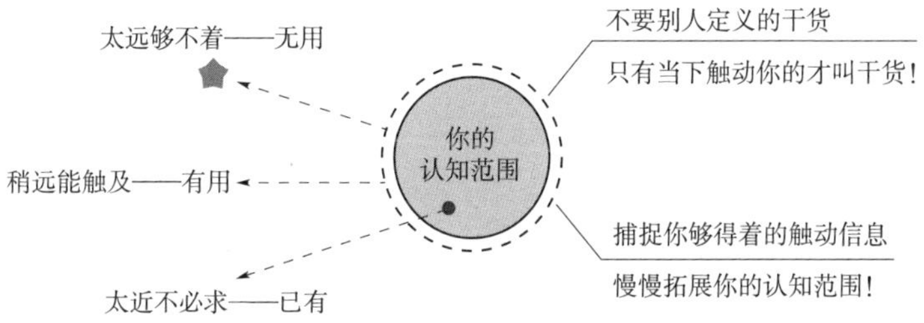

人的认知范围

我和朋友们常玩一个名为“找颜色”的小游戏。游戏规则很简单：在 20 秒内，找出房间里的所有红色物品。每当这时，大家都会聚精会神地搜寻，然后争相回答：“我找到了 5 处红色！”

但当我紧接着问：“那蓝色物品有多少呢？”大多数人会一脸茫然：“呃，没注意到蓝色……”这其实揭示了大脑的一个有趣现象。

理论上，当他们扫视整个房间时，蓝色也应该在他们的视线范围内，但因为他们的注意力不在蓝色上，所以就不会获取到与蓝色相关的信息。

这个现象可以通过脑科学中的“网状活化系统”来解释。简单说，人的大脑只会关注“自己感兴趣的信息”，因此，尽管大家看着同样的场景，每个人获得的信息也会大相径庭。

因此，我们的信息收集应以自己的兴趣为主，只采集那些能够触动自己内心的信息，而不是别人定义的所谓“干货”。

这些信息可能是一句深思熟虑的话语，一个引人入胜的故事，一段震撼的视频，一张生动的图片，又或是一段令人陶醉的音乐。这些都可以成为文章的一部分，或者为你的文章增色不少，都属于触动信息的范畴。

第三节　高效猎取，积累丰富资源

至于怎么找，那就是本章的重点了，总结成三句话，分别是：零碎搜集、主题搜集；建立渠道、善用技巧；集中保存、定期清理。

一、零碎搜集、主题搜集

大部分人在采集信息的时候，会处于两种状态：

一种是那些没有什么明确目的比较随意的零碎时间，比如与人闲聊、刷视频等不经意间的场景下获得的信息。

另一种是在正式学习场景，比如看书、听课、做项目等，这种有明确主题、能专门拿出时间来学习做事的场景下获得的信息。

这就像一把锤子：锤柄是平时零碎搜集的信息，它的分量较轻，知识密度比较低；锤头是主题搜集的信息，分量较重，知识密度比较高。我将这把锤子称为“信息锤”。

在写作中，信息锤的核心思想是将采集信息分为零碎搜集和主题搜集两个阶段。

（一）零碎搜集

零碎搜集信息是指从各种来源、在不同时间点、以不同形式获取的信息、观点、故事片段或灵感的集合。

如果你稍加留心，会发现身边有这样一类人，他们听讲座、开例会、看电影、看美剧，不管干什么总能眼睛一亮，发现点“好东西”，都会顺手记下来。

这些“好东西”可能来自生活经验、阅读、社交媒体、新闻、谈话、观察等多个渠道。这些碎片化的内容不具备组织性，但它们潜藏着无限的创作潜力，就像一盒未拼装的积木，等待着被组合成有趣、有深度的作品。

一个信息敏感度高的人，会觉得“世间万事皆学问”，从平常处总能发现可以借鉴、学习的知识。相反，信息敏感度低的人对身边各种信息都漠不关心，熟视无睹。

（二）主题搜集

这是锤头，指的是深入、专注地搜索与主题紧密相关的高质量信息，包括阅读学术论文、权威书籍、专业网站等。这些资源通常提供了深度和专业性的信息，能够支撑文章的可信度和深度。

关于主题搜集，需要铭记一点：一次只专注一个主题。那么，如何专注一个主题呢？早在两千多年前，《孙子兵法》就给出了答案：故用兵之法，十则围之，五则攻之，倍则分之，敌则能战之，少则能逃之，不若则能避之。

可将其总结为一句话：“集中优势兵力消灭敌人有生力量。”

专注主题本质上就符合兵力集中这一原理。一个人的时间和精力就是自己的兵力，这些是有限的，这也想做，那也想做，对自己就是消耗，最后将一事无成。

只有集中时间和精力，投到一件事情上，才能做成一件事。集中一点，登峰造极。

我的导师曾告诫我：“一年能做成一件事，足矣。”是啊，想想看，从 20 岁起，每年专心做好一件事，到 30 岁时，你已经完成了 10 件值得自豪的事情。这样的成就，难道不让人羡慕吗？然而，现实往往是残酷的。大多数人总是贪多求全，结果却一事无成。

回顾一下，你年初定下的目标，是不是还在坚持？还是已经换了好几个方向，仍然迷茫不知所措？很多人都会给自己定下各种学习任务，今天学这个，明天学那个，看似忙碌充实，但实际上呢？到年底一看，学到的知识都是零散的、碎片化的，没有形成完整的知识体系。

如果学习时就专注于一个主题，比如学编程语言 Python，用一年时间去深入钻研。可以从《Python 编程：从入门到实践》这本书开始，一边学习一边实践，将书中的案例和练习都亲自做一遍，并将所学转化为文章。一年后，或许就是 Python 编程的半个专家了！

二、建立渠道、善用技巧

不同的人有不同的经历、身份、职业，每个人着力点不同，应该根据自己的兴趣爱好，创造自己收集信息的渠道小环境。

以我自己为例，我主要通过五大渠道获取信息：搜索引擎、书籍资料、视频教程、优质网站和行业牛人。

这里只是提供一种思路，希望你能搭建起自己的信息渠道。

（一）建立渠道

1. 搜索引擎

搜索引擎常用的有百度、小红书、知乎、微信搜索和 B 站，它们各有千秋。

百度虽面临新挑战，但依然有其独特价值，当然，搭载了 AI 能力的新一代搜索引擎“秘塔 AI 搜索”，也是不错的选择；小红书是以过来人的视角，分享普通人的经验；知乎则汇聚了众多专业领域的知识和见解；微信搜索能帮你找到公众号里的宝藏文章；而 B 站，不仅是娱乐平台，更有大量专业而富有深度的视频资源。

秘塔 AI 搜索

这些平台的优势在于它们提供的信息形式多样、内容专业且更新迅速。结合使用，能帮你更有效地收集和筛选信息。

2. 书籍资料

书籍在我的信息收集中占据很重要的位置，因为很多专业领域都可以在书籍中找到系统化的知识，对于快速掌握一个领域帮助非常大。

很多人可能偏爱纸质书，但我却对 PDF 电子书情有独钟，这主要归功于它的两大优势：

首先是便携性。我的电子书都存储在云盘中，随时随地都能读取。而且，我还特地为了读电子书入手了一款电子纸阅读器，走到哪儿读到哪儿，轻松自在。

其次是易用性。在日常学习和工作中，每当我需要某本书的内容时，都能迅速找到并提取有用信息，效率倍增。

那为什么我偏爱 PDF 格式呢？因为它有着广泛的兼容性。无论是在 macOS、iPad 还是 Windows 系统上，PDF 文档都能轻松打开查阅。更别提 PDF 还有书签等实用功能，让阅读变得更加便捷。

那怎么找这些 PDF 书籍呢？说实话我非常反感那些一股脑儿就给十几个搜书网站推荐的文章，在真正搜书的时候这么多网站只会增加检索压力，而且绝大部分网站的书籍不全，对于搜索来说只是负担。

理想的情况下，需要使用的信息源应该越少越好。

经过这么多年的实践，我将检索信息源减少到两个，通过这两个信息源，几乎就能轻松找到市面上 90% 以上的 PDF 书籍。

（1）鸠摩搜书。

鸠摩搜书是一个专业的图书搜索引擎，提供 PDF、mobi、azw3 等多种格式。

打开主页后，可以看到非常简洁清爽的页面。

鸠摩搜书

对于电子书爱好者十分友好，想要的书籍一般都能在上面找到适合自己的格式。你可以把它想象成一个专门搜书的百度。想找什么书，输入名字即可。

如果你还想知道更多的电子书搜索网站，可以关注公众号“笔戈匠”，回复“电子书网站”即可。

（2）中文 PDF：全国图书馆参考咨询联盟。

在这里搜索的书籍，只要存在试读按钮，就一定可以下载到相应的 PDF。

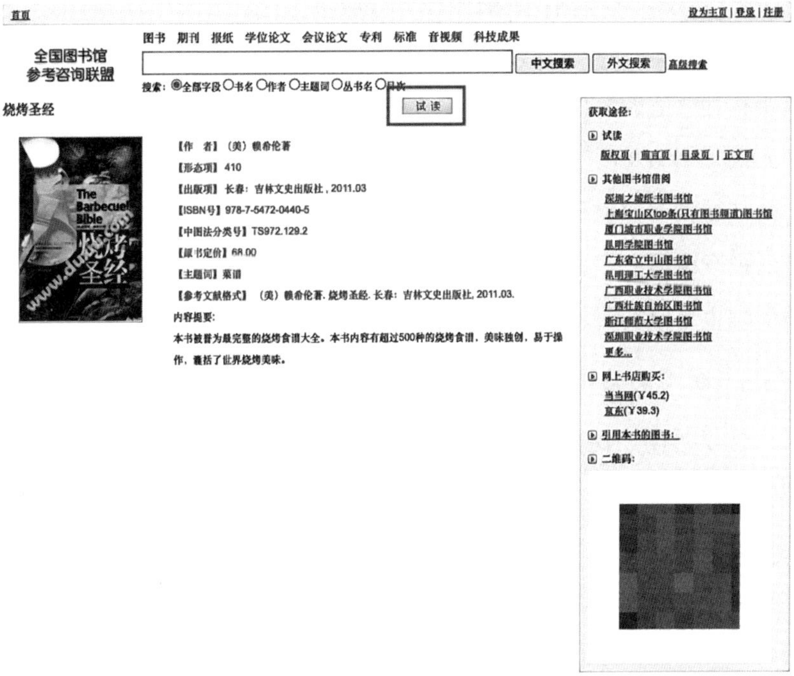

全国图书馆参考咨询联盟

（3）本地图书馆。

找一找，或许有新的发现，近几年我基本上已经放弃读纸质书了，以 PDF 电子书为主，但是随着女儿出生，你要跟她讲故事，突然发现纸质书有它不可或缺之处，重新重视起来。

3. 视频教程

在现在这样快节奏的时代，很多人不太喜欢看体系化的视频教程，但是就我个人这么多年的学习经历来看，成套的视频教程对个人的成长、对该领域的了解，帮助非常之大。

在我之前开发课程的时候，曾经花了一个月自学 Camtasia 视频编辑，基本达到 1~2 年工作经验的水平，能达到这种水平完全是因为网易上的两套课程。

除此之外，我的思源笔记、印象笔记使用技巧、互联网营销能力、写作技巧，无一不是通过这种方式习得的。

因此在我看来，一套好的视频教程是一条帮助人快速成长的捷径。只要找到合适的教程，你就能以火箭般的速度在相应的领域成长，以比别人快几倍的速度掌握该领域的核心能力。

如果找视频教程，有没有什么好的平台呢？当然有，这种知识付费类的视频课程太多了，比如网易云、得到、小鹅通等，某宝上很多平台的课程也可以购买。

4. 优质网站

这里的网站泛指微信公众号、专业网站等，上面都有一些垂直领域的大号。拿公众号举例，我平时看政治时事，会关注猫哥的世界、九边、君莫愁；体育关注张佳玮、杨毅侃球；思维关注八角楼上、罗辑思维；职场关注栩然说等。你关注什么，就要发掘同类的优质文章，建立起自己的专业渠道。

5. 行业牛人

获取优质信息最重要的是找到相关领域的牛人或专家请教。

市面上关于任一主题的书籍、课程都是多如牛毛，怎么知道该选哪个呢？直接请教行业大牛就行了，他们给你的指点，能起到点石成金的作用。

比如营销领域，一个人想要学习营销学，应该从哪里下手呢？

我向一个营销专家教了这个问题，他说读科特勒的《营销管理》就行了。这是一本很厚的书，说实话这本书我读了好久，到现在还是没有读完。但是，这本书绝对是好书，在这本书里，可以找到营销技巧的根源。

（二）善用技巧

搜索是为了得到准确高质量的搜索结果，而对于特定的搜索引擎来说，制约搜索结果的就是关键词、搜索语法等高级功能的使用。

1. 搜索语法技巧

对于搜索语法，知道几个常见的就行。比如，百度只需掌握英文半角双引号（查询词不能被拆分）、intitle（搜索范围限定在网页标题）、filetype（专业文档搜索）、高级搜索页面等。

2. 关键词技巧

关键词可以分为四种：主题关键词、限定关键词、专业关键词和资源关键词。下面举例解释。

主题关键词就是想找的主体，比如“笔记本电脑”，就是一个主题关键词。

限定关键词是告诉我们更多关于这个主体的信息，比如“轻薄型”的笔记本电脑，这里的“轻薄型”就是一个限定关键词，帮助我们更精确地找到想要的信息。

专业关键词是一些专业领域的词汇，可能不是每个人都知道。比如“固态硬盘”，这是一个关于笔记本电脑硬件的专业词汇。

资源关键词是帮助我们找到信息的来源，比如“品牌官网”，就是一个资源关键词，告诉我们可以在哪里找到关于笔记本电脑的详细信息。

来看一个具体的例子：

搜索查询：轻薄便携笔记本电脑（主题关键词），银色外观（限定关键词），英特尔酷睿处理器（专业关键词），用户评价（资源关键词）。

在这个例子中：

主题关键词：“轻薄便携笔记本电脑”明确了我们想要了解的产品类型，即轻薄且便于携带的笔记本电脑。

限定关键词：“银色外观”进一步描述了我们对笔记本电脑外观颜色的偏好，是一个具体的限定条件。

专业关键词：“英特尔酷睿处理器”涉及笔记本电脑的核心硬件配

置，是一个相对专业的信息点，表明我们关注处理器的类型和性能。

资源关键词："用户评价"指向了信息来源，我们可以通过搜索用户评价来了解其他用户对该款笔记本电脑的使用体验和反馈。

通过这个搜索查询，用户可以快速找到轻薄便携、银色外观且配备英特尔酷睿处理器的笔记本电脑，并查阅其他用户的评价来做出更明智的购买决策。选择对的关键词，是获取有价值信息的关键。

总之，选准关键词，搜索不再难！

3. AI辅助技巧

可以利用AI辅助搜索，解释知识，提供启发。

例如：

问：请你作为一个著名的哲学家，解释什么是"第一性原理"，对于写作有何启发。要求：通俗易懂，语言简练，并且附上1个场景案例。

AI：第一性原理，听起来好像很高大上，但其实它的理念非常简单。想象一下你正在解决一个复杂的拼图游戏，而不是直接看图纸，你选择从最基础的一块块拼图入手，逐步拼接起来，这就是"第一性原理"的思维方式。

在写作中，"第一性原理"启发我们要从最基础的元素开始构建我们的文章，而不是盲目模仿他人或者沿用陈词滥调。通过回归到最初的问题和想法，我们能够创造出独特而富有深度的内容。

启发与场景案例：

想象一下，你正面临一个写作任务——描述你的家乡。大多数人可能会从家乡的风景、建筑或者食物入手，这些都是很好的切入点，但如果想要更深入、更原创，你可以试试运用"第一性原理"。

首先，不看你以前读过的任何关于家乡的描写，也不去参考其他人的文章。相反，你闭上眼睛，努力回想你小时候在家乡的某个特别瞬间，可能是那个清晨的鸟叫声，或者夏夜里的蛙鸣。你从这些最原始、最深刻的记忆出发，开始描述那个独特的家乡氛围，那个让你心生怀念的地方。

这样，你的文章就不再是泛泛而谈，而是充满了个人情感和真实体验。这就是“第一性原理”在写作中的实际应用，它帮助我们挖掘出更深层次的思考和感受，让我们的文字更加生动和有力。

同样的道理，还可以把这个思路迁移出去，用同样的套路，去研究哲学、社会学、产品经理、运营……

总之，任何想研究的领域，都可以让 AI 指路。

三、集中保存，定期清理

（一）集中保存

信息采集后，常陷入两个误区。想想看，你每天遇到哪些信息，又是如何记录的呢？

很多人，包括我，都喜欢记笔记。阅读心得、任务、课程重点、生活点滴、灵感一闪等，统统记录在纸上。但这些笔记往往被随手丢弃，之后很少再翻阅，甚至搬家后就难觅踪迹。

还有人在社交媒体上分享思考和照片。这种方式确实方便，但内容零散，像信息碎片散落在各个角落，难以整理和回顾。

因此，集中保存采集的信息至关重要。我的方法是利用微信助手和微信收藏。前者用于保存微信外的信息，如网站文章、金句，一键转发即可；后者则专门存储微信中的有用信息。晚上，我会用笔记软件统一处理这些信息。

记住，保存的地方不要太多，否则找起来更麻烦。

（二）定期清理

说到信息管理，保存重要，但清理更为关键，而这恰恰是最让人头疼的一环。为什么难？其实，这背后是“拖延心理”在作祟。

想想看，每当自己加班回家，面对一堆待处理的信息，很容易就找个借口："明天再说吧，又不是什么急事。"就这样，一天拖一天，信息库最终变成了"垃圾场"。

要打破这个恶性循环，得制定一套人性化的清理策略。我个人的秘诀是"周天原则"。简单来说，就是以天和周为单位进行定期清理。

每天结束前，我都会留出时间整理当天的信息。时间充裕就全清，紧急的话就先处理重要的。那些一般性的内容，就留到第二天看看。

而到了周末，则是我清理的"最后期限"。不论前面几天如何拖延，周末我都会清空一周的积累。如果内容多，我会专门安排时间处理，确保"采装库"不积压。

养成这样的习惯后，"积木写作法"就能持续稳定地运转了。现在，拿起这把"信息搜集的锤子"，去解决那些像钉子一样棘手的问题吧！

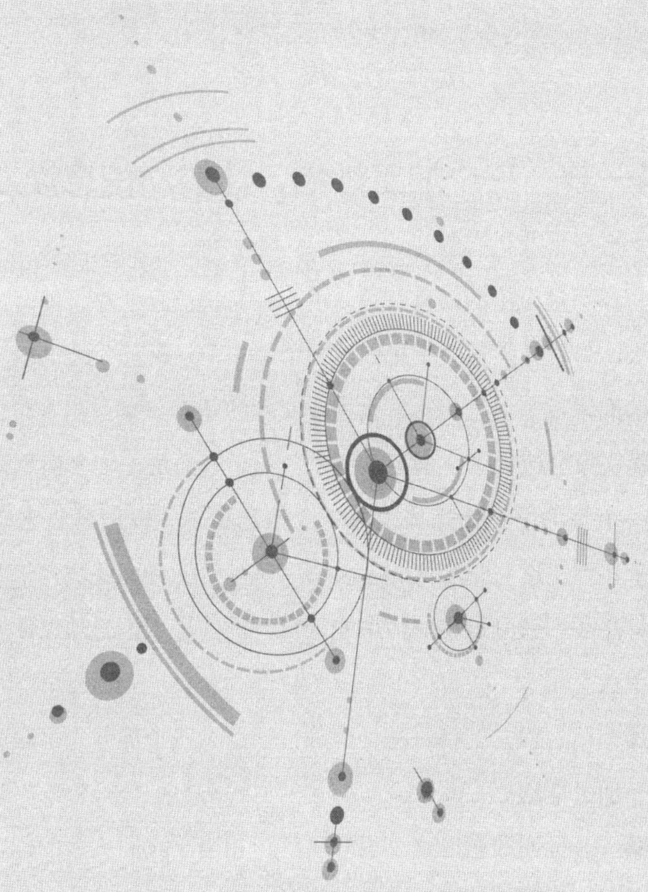

第四章
封装：将信息化为己用

蚂蚁搬来粮食是囤积、蜜蜂采来花粉是酿造。信息采装只是写作的第一步，还要把采集来的信息，酿造加工，才能升华。

第一节 三个加工妙招，让触动信息焕发光彩

写作不是简单的信息收集，也不是简单信息汇总，要有深度封装这个过程。封装分为两个步骤：第一个是加工，第二个是整理。

前面说过，信息积木就是组成文章的基本要素。积木写作法并不是把一篇文章分成一个个词汇、一个个句子，而是一个个信息积木。

一个触动信息提炼加工成一个信息积木，以信息积木作为储存单元，来达到快速写作的目的。

信息积木就是最小写作单元，每一块信息积木必须保证有且仅有一个知识点。

那么信息积木的格式呢，应该包括这么三个部分：标题命名、触动信息、加工信息。

第一，标题命名。这个很好理解，相当于我们文章的标题一样，对内容进行一个极度的概括，最好能把一堆内容压缩成几个关键词表达出来。如何命名，在“整理”环节会具体讲。

第二，触动信息。包括信息原文和来源，所谓的来源，如同文章最后所备注的参考文献一样，还要附上信息积木的成型时间。

第三，加工信息。信息积木的主体部分、核心精华，加工后的成文，它的操作方式也是本章重点。

当然，关于这三者的作用，都很好理解，但是在实际加工信息积木的时候，还有一些整理的动作要做，比如说，对信息积木的标题命名、编码、打标签等。

因为这些内容都涉及笔记软件的使用，后面会一一讲到，为了减轻理解压力，这里可以先不去关注这些更细致的事情。

加工之前，要先知道有哪几类信息积木。前面说过，信息积木分为知识积木、素材积木、灵感积木三大类。不同积木的处理方式不同，下面一一道来。

一、知识积木——提问

知识积木一般是思辨性较强的观点、元知识、底层逻辑等，对于它的加工，借助相关理论，命名为“闻、思、修”提问法。

闻、思、修

闻、思、修，又作三慧，即“闻慧、思慧、修慧”。闻，谓听闻，包括研读、听讲等，由此可知晓，得“闻慧”。次则由闻而思，谓对所闻法思索理解，由此得“思慧”。次则依思慧而修行，由修行证得“修慧”。由闻而思，由思而修，由修而证，乃修学通途。

迁移到信息积木的加工里面，就演变成了：

闻：见闻概述。将收集的信息用自己的话重述一遍。

思：思考提问。针对信息借用“提问铲”进行思考、提问，主要目的有两个：第一是找出与自身相关的内部信息；第二是挖掘出更深层次的外部信息。

事实上，“提问方式关系着文章的好坏”，越会提问的人，文章写得越精彩。

“提问铲”的问题分为“基础问题”和“铲子问题”两大类。

基础问题：主要是关于自身发出的信息，用于收集与个人经验相关的信息。这类问题通过自我剖析得出，涉及个人情感、观点和想法，以及个人相关案例。一般分为感受体验、启发思考。

感受体验：对这个信息的感受和体验是什么？

启发收获：这个信息带来的启发和收获是什么？

铲子问题：是为了获得更为具体深入的延展信息。这类问题通常包括关联知识和适用边界两个方面。

关联知识：指的是自身以外的信息，有无相反或相似的观点或者案例。

适用边界：探讨相似或相反观点适用的前提条件是什么，以及之间的区别和界限。

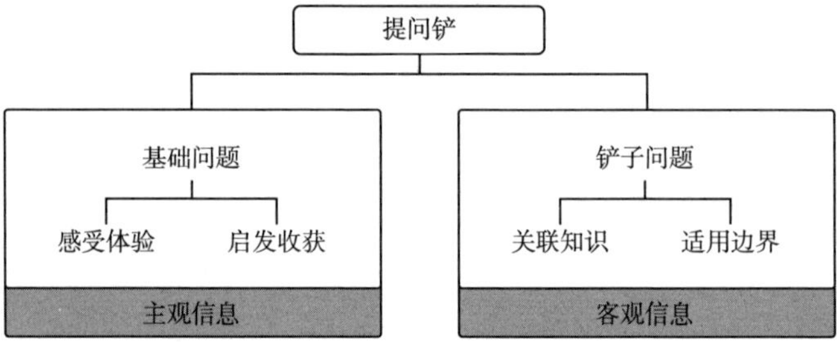

提问铲

这里带来另外一个疑惑，如何知道用哪种问题呢？

对于那些价值性一般，思辨意义没有那么强的触动信息，可以用“基础问题”提问来进行加工提炼。

而对于那些价值巨大、具有深刻思辨意味（元知识、底层概念等）的触动信息，我们需要用更深入的“铲子问题”来挖掘。

其实“闻”是提炼主题的作者信息，基础问题是收集自身的主观信息，铲子问题是挖掘延伸的客观信息。

如果还是感到困惑，那就记住这个简单原则：想要深入研究某个信息，就用加上“铲子问题”；如果只是需要了解基本信息，“基础问题”就足够了。

修：修炼使用，即找到该知识积木合适的使用场景。

针对每块“知识积木”，都应思考其能助力解决哪些问题，以及在何种场合能派上用场。在脑海中预先演练这些应用场景，将有助于明确方向，进而引导认知和行为作出相应调整。人的记忆是脑中两个神经节点之间固定的联系，本来两个点之间没有联系，但不断重复、重复，它们之间就有了联系，联系一久就变成了一个记忆。

毕竟，学习和整理知识的终极目标是运用它们。如果吸收的知识无法为自己所用，那么这些知识就失去了意义。

成甲老师曾言：“想要学以致用，就需提前构建应用场景。”换言之，现在记知识的方式，应着眼于未来如何运用这些知识。

这里，举两个完整的例子，就能明白了。

案例一：

在学习一套信息整理教程中，详细了解到“费曼技巧”，作为一个学习方法论，用基础问题将其加工成为知识积木。

标题命名：【学习】方法——费曼技巧（费曼学习法）

触动信息：费曼技巧有四个简单的步骤：

（1）choose a concept（选择一个概念）；

（2）teach it to a toddler（假装把它讲给小孩子听）；

（3）identify gaps and go back to the source material（发现理解不到位的地方，返回原始材料学习）；

（4）review and simplify（optional）[回顾和简化信息（可选）]。

——2022 年 10 月 29 日来自高效信息管理课程

加工信息：

【闻】以“以教代学”为核心，要求学习者教授自己学到的知识，以检验理解程度。

【思】感受体验：这种方法让我感到惊喜，认识到真正的学习不仅是吸收知识，还包括能够清晰地传授给他人。

启发收获：费曼技巧实际上是一种高效的学习策略。通过教授他人，我们不仅能够巩固自己的知识体系，还能及时发现自己理解上的漏洞和误区。这种技巧强调了学习的主动性和实践性，鼓励学习者从被动接受知识转变为主动传播知识，从而提高学习效果。

【修】我决定将这种技巧应用到平时的学习场景。每当学习一个新概念或知识点时，尝试用自己的语言来复述和解释它，就像在给一个对此一无所知的人讲解一样，并鼓励他人也尝试这种方法。

案例二：

2023 年，在知乎上面刷到一个问题，“幽默的本质是什么？”看到其中一个回答挺新颖的，自己刚好在搜集不同的段子，于是就想把这个问题作为元知识搞清楚，用铲子问题将其加工成了知识积木。

标题命名：【幽默】定义——幽默的本质

触动信息：幽默，就是一种智慧和权力杂糅、使人展示出真心笑容（即对压力解除的确认）或礼节性笑容的表达。

幽默一定有智慧成分，这大概是最不会有人质疑的——一个有权力的人说蠢话也会令人发笑，但那显然不是幽默。聪明的人不一定幽默，但是幽默的人一定聪明。

幽默一定有权力成分，不管这里的权力是职务，还是图章，还是势力，还是话语权……没有权力的逗笑，只能叫“贫”“搞笑”“无厘头”。

——2023 年 8 月 20 日来自知乎文章

加工信息：

【闻】幽默的本质就是一种智慧与权力结合，让人展露笑容的表达。幽默一定与权力有关，没有权力的幽默，只能叫贫、搞笑、无厘头等。

【思】感受体验：想到了上班时间，有时候总经理会到办公室来坐坐，跟我们聊聊天，说一些他自以为很好笑的话，我们没办法，因为是总经理，就跟着赔笑，不好笑也要礼节性笑笑。

启发收获：我想这就是权力的因素，总经理在员工面前有一种优越感，他讲出来的笑话，虽然不好笑，但还是出于礼貌，要笑笑。这篇文章中对幽默本质的定义，虽然我觉得有点片面，却提供了一个新的思路来看待幽默。

关联知识：

（1）相反观点：美国研究人员托马斯曾经提出，幽默理论：理论认为当一些合理的东西或事物没有按常规发展的时候，幽默就会出现。他认为，当我们期待着某一结果出现，却发现了另一个结果时，笑话和幽默就产生了。

美国作者格雷格·迪安在《手把手教你玩脱口秀》一书中提及笑话由“铺垫 + 笑点”构成，笑话需要两条故事线。

（2）相反实例：好朋友之间的贫嘴、搞笑，难道就不能称为幽默吗?

适用边界：我的理解是：幽默 = 情理之中 + 意料之外。它是一种语言艺术，需要注意场合、尺度，如同相声、脱口秀一样，和权力有关的幽默只是其中一部分，最好的方式是拿自己“自黑”，不要轻易去冒犯别人。

【修】主要的用途以后和总经理沟通的时候，学会用于聊天尺度的把控，有些幽默或者笑话，总经理可以对你说，但你不能反过来对他说，对自己是一个警醒。

当然，这里的关联信息，你可以通过 AI 提问来找到更多角度的回答。

二、素材积木——改编

素材一般指的是人物、故事、案例、段子、金句、观点等。素材怎么处理，看看富兰克林的方法：

本杰明·富兰克林，出生于美国马萨诸塞州波士顿，美国政治家、物理学家。同时也是出版商、印刷商、记者、作家、慈善家，更是杰出的外交家及发明家。

在富兰克林的一生中，写作是他最为擅长的一个技巧。在《本杰明·富兰克林传》中曾经记载过他由“菜鸟”到“高手”的练习技巧。

“——大约在这时候，我偶然看到了一本《旁观者》的零本，是第三册。在这以前，我从未曾看见过这个刊物。我买了这本散册，反复读了几遍，十分中意，我认为文章写得好极了，如果可能的话，我想模仿它的风格。

因此我从中选了几篇文章，简要地摘录下了每一句的大意，接着把它们搁置几天。然后不看原书，用我自己想得起来的合适词句，把每一个句子尽量完整地表达出来，又凑成整篇的文章，使它表达得像以前一样完整。最后，我把我自己写的《旁观者》与原文比较，发现了一些我的错误，作了修正。

但是我发现我的词汇贫乏，或是说我不能很快地想起适当的词来用。我想，假如我以前没有放弃写诗的话，那时候我的词汇一定会丰富得多了，因为经常不断地有机会寻找具有同样意义而有不同长度的词去适合诗的韵律，或是不同音素的词去凑韵脚，会迫使我不断地搜索具有不同形式的同义词，这将有助于我记忆这些不同的词并使我掌握它们。

因此，我把其中的一些故事改写成了诗，过了一些时候，当我差不多已经遗忘了原来的散文的时候，我又把它们重新还原。有时候我也把我摘录的思想搞乱了，经过几个星期以后，设法把它们用最好的次序排列起来，然后再把它们写成完整的句子，组合成文章。这样做，是为了教我如何整理思想的方法。"

从他的这些叙述中，用算法的思维进行分析，其实他主要是用到了这几个步骤：

第一，用自己的语言重写经典文章，并做对比和反思。

第二，通过用诗歌和散文形式刻意扩大词汇量，说白了就是多阅读，扩大自己的词汇量。

第三，编排文章结构和逻辑，这就是锻炼自己的逻辑组合能力。

经过提炼以及学习，我总结出了一套改编法，取名为"DRC 改编法"，主要分为三步：

（1）拆解（disassemble）：对素材进行拆解，找出素材关键词与结构。

（2）重构（reconstruct）：通过换词汇、换语序、换句式、换修辞、换风格、换案例、换结构等方法进行句子的改写。

（3）对比（compare）：将改写的文字与原文进行对比、优化。

DRC 改编法本质是一种二度创作：先"抽取"，后"赋形"。抽取出信息的抽象含义，再赋予它完全的"新形"——新的语言外壳。

当然，这是改编法最基础的应用，用于改写句子，其实它拥有更广阔的应用，不仅可以改句子，还能改书籍、改体系。

老规矩，还是通过案例来体验一下改编的威力。

案例一：

读一篇微信文章的时候，发现开头的结构非常熟悉，写得不错，便保存了。

标题命名：【写作】开头——《双城记》式音乐开头

触动信息：对于当下华语乐坛，套用一段话来说吧——这是最好的乐坛，这是最坏的乐坛，这是潮流的乐坛，这是落伍的乐坛；这是灵魂空洞的时期，这是情感丰厚的时期；这是光明的季节，这是黑暗的季节；这是失望之春，这是希望之冬；人们面前有着各样的音乐，人们耳前一无所有；乐坛正在奔向未来，乐坛正在回到过去。

——来自知乎文章

加工信息：

【拆解】运用句子框架“这是最**的……这是最**的……”源自英国作家查尔斯·狄更斯《双城记》经典开头。

【重构】对于当下的知识市场，套用一段话：这是最好的时代，这是最坏的时代；这是知识分享闪耀的时代，这是信息纷扰的时代。每个人面前有着各类的知识，每个人心中充斥迷茫不解，唯一的出路，打造自己的知识体系。

【对比】与原文相比，结构是一样的，但是立意和深度不够。

后来我又用AI写了几个版本，不得不说用AI改写太方便了，下面是其中的一个AI版本：

AI：对于当下的知识市场，我想用这样一段话来形容——这是繁荣的知识市场，这是混乱的知识市场；这是信息丰富的舞台，这是真伪难辨的竞技场；这是智慧闪耀的时刻，这是浮夸虚假的时刻；这是启迪心灵的晨曦，这是误导思维的暮色；人们置身于知识的海洋中，人们也可能迷失在信息的迷雾里；知识市场正在开创新纪元，知识市场也在经历变革与挑战。

案例二：

无意间看到一则小故事，构思非常巧妙，就将其搜集下来了。

标题命名：【思维模式】故事——小说家毛姆卖书

触动信息：英国著名小说家毛姆成名前，生活很贫困。他写了一部很有价值的书，但出版后无人问津。于是毛姆别出心裁在各大报刊上登了一则征婚启事："本人是个年轻又有教养的富翁，希望能和毛姆小说中女主角有完全一样的女性结婚。"几天后，全伦敦书店中毛姆的书销售一空！

——来自网络文章

加工信息：

【拆解】逆向思维的运用，通过女主角这个关键词让阅读者引发好奇，去找毛姆的名字以及毛姆的一本小说。

【重构】我觉得这个故事挺有意思的，仿照思路，以《积木写作法》这本书为引子，写了一段话：

在一座喧嚣的大城市中，有一个叫小戈的年轻作家，他精心撰写了一本名为《积木写作法》的写作指导书籍。然而，书籍上市后反响平平，销量远未达到他的预期，这让小戈感到颇为沮丧。

某天，小戈在与朋友闲聊时，突然脑海中闪现出一个奇思妙想。他在各大社交媒体和朋友圈上发布了一则引人瞩目的挑战帖："揭秘《积木写作法》的神秘力量！我发起一个创作挑战，邀请各位文学爱好者利用《积木写作法》中的技巧，创作一篇短篇小说。最佳作品将获得神秘大奖，并有机会与我共同出版一本合集！赶快行动起来，展示你的文学才华吧！"

这个消息犹如一颗重磅炸弹，引起了巨大轰动。许多热爱写作的人都跃跃欲试，想要通过参与挑战来展示自己的实力。然而，他们很快发现，要想创作出令人满意的作品，并不是一件容易的事情。

这时，人们开始纷纷购买《积木写作法》，希望通过学习其中的技巧来提升自己的写作水平。书店里，《积木写作法》的销量迅速攀升，甚至出现了供不应求的情况。

【对比】虽然有点自吹自擂，但思路是一样的，还可以用来推销一个公众号、一个人等。

三、灵感积木——速记

在生活中，你是否会在某个瞬间产生一个想法，但没过多久就想不起来了，正所谓灵感转瞬即逝，毕竟大脑并不擅长记忆，大脑的作用更在于思考与创造，否则，人类就不会有这么多伟大的发明和创举。

灵感积木的封装讲究一个“快”字，处理方式是速记，快速捕捉脑海中闪现的想法，无须华丽辞藻，只需简单记录。我提炼了三种速记方式，将其命名为“三录速记法”。

第一种：纸笔记录

曾有人问维珍集团创始人理查德·布兰森，对他来说什么物品是最重要的。

他的回答出人意料：“听起来也许很可笑，但我总会在背包里放一本小小的笔记本。我旅行时，首先想到带在身边的是这个笔记本，没有这一页页纸，我绝不可能将维珍集团扩展到如今的规模。”

随身携带笔记本，随时记录自己的工作感想和灵感，这就是著名的“维珍效率法”。

我就有这样一个习惯，不仅随身携带纸笔，甚至在床头也“埋伏”

了一套。这样一来，无论何时灵感闪现，或是梦境中的奇思妙想，你都能立刻捕捉并记录下来。

第二种：手机记录

智能手机的出现确实带来了极大的便利。虽然市面上有众多记录类App，但我个人倾向于精简使用，在上一章采装篇中，就强调过要统一保存。每增加一个软件，就意味着增加了学习成本、使用成本还有保存成本。其实，手机自带的录音和备忘录功能就相当实用。

当然，如果你喜欢使用App，印象笔记和微信助手也是不错的选择。手机记录后，你还可以在电脑上进一步整理和完善。现在语音转文字的准确率也相当高，我通常会用这种方式快速输入，再辅以手写修改。

不管是用纸笔还是手机，关键是要能迅速捕捉那些稍纵即逝的灵感。所以，在选择记录方式时，最重要的是操作简便，确保能在第一时间记录下脑海中的想法。

第三种：大脑记录

凡事都有意外，还要考虑到特殊状况下，如何记录灵感。

设想一下，你正在公园的长椅上构思一篇新的故事，突然天空乌云密布，大雨倾盆而下，你匆忙中只找到了一处避雨的地方，却没带纸笔。此时，一个绝妙的情节突然浮现在你的脑海中，你该如何应对这场突如其来的灵感与大雨的双重“袭击”呢？

又或者，当你正骑着自行车穿梭在城市的街道上，一个引人入胜的开头突然在你脑海中闪现。但你能立刻停下车来，掏出手机或笔记本记录吗？在繁忙的交通中，这显然是不安全的。

再设想一个场景，你正在参加一个重要的工作会议，讨论得正热烈，突然一个与会议完全无关的创意点子涌上心头。此时，你能打断大家，跑去找个角落写下你的想法吗？这显然会打乱会议的节奏，也不尊重其他参与者。

这些例子都说明了一个问题：在极端或特殊的情况下，并不能总是随时随地记录下自己的灵感。这时，需要训练自己的大脑，学会快速捕捉并记住那些灵感的核心部分。记住一个关键词、一个情节转折或一个独特的视角，这些都可能成为你之后创作的宝贵素材。

简而言之，需要学会在各种环境下灵活应对，用最简单的方式保留住那些一闪而过的创意火花，等待时间充足时，再进行完善。

例如，有一天我突然想通一个问题：中华上下五千年的历史，今人所遇到的问题，古人不仅都遇到过，并且还解决了。所有眼下我遇到的困境，如果身边人无法解答，那么我可以在古书典籍中找到解决这个问题的古人，向他学习。

当时我简单地用手机备忘录的功能进行编辑记忆，事后回到家里将其加工成灵感积木。

标题命名：【学习】观点——前人经验，解吾所惑

触动信息：中华上下五千年的历史，今人所遇到的问题，古人不仅都遇到过，并且还解决了，眼下我遇到的所有困境，如果身边人无法解答，那么我可以在古书典籍中找到解决这个问题的古人，向他学习。

——2022 年 10 月 29 日上午自悟

加工信息：这个世界上，你想做的事情，你所遇到的任何问题，100% 已经有人遇到并解决，只需找到这个人，向他请教学习就行了。

三种信息积木的加工方式讲完了，需要额外补充两点：一是灵感积木是可以转化成知识积木或者素材积木的，这样便于后面整理与写作；二是凡事永远有特例，并不是所有的触动信息都必须加工成信息积木。有一些触动信息，本身写得很好或者你还没想好怎么加工，也可以只做整理的操作。

第二节　三大整理法宝，让信息积木井然有序

封装分为两步：一步是加工，另一步是整理。上面已经讲解完了"加工"，接下来看看如何整理。

通过加工信息积木，以前的写作是聚焦一个个文字和段落，而现在聚焦的是一块块积木，信息提取容量更大，知识密度也更高，同时把十多个任务模块构成的写作环节，拆分成一个个更小的任务，更能够降低人们对写作的恐惧，达到创作的心流状态。

当积累了一定的信息积木，这个时候就可以开始创作了，一般人的流程就是收集信息，然后按照一定的顺序进行拼装。

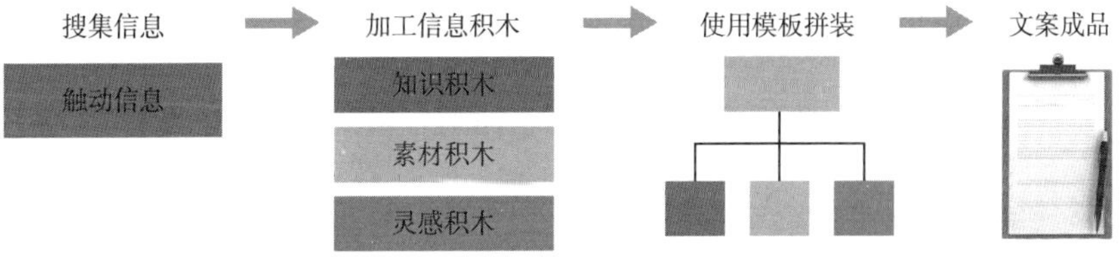

常规创作流程

但在实际拼装的过程中，出现了新的问题，我加工了很多信息积木后，发现并不能有效利用起来，有时候写了30多个信息积木，却没有组成一篇文章。我保存了很多信息积木，它们分散在各个文件夹，把它们组合起来的过程有很大浪费。

这个问题的根本不在于拼装环节，而在于之前的封装环节中少了关键的一步——整理。

为何需要整理信息呢？原因其实显而易见。即使已经对这些信息有所了解，但如果未能理清它们之间的联系，它们在脑海中就只是一盘散沙。想象一下，这些信息就像是一根根松散的绳子，未能拧成一股，因

此难以形成强大的合力，更无法有效地协助自己解决问题。

可以说，写作效率不高的核心原因，基本上都是倒在信息封装环节的“只收集、不加工”以及“只加工、不整理”这两关上了。

所以说，要想让这些信息积木真正转化成文章，为自己创造出价值，还需要根据自己的应用需求，把它们按照特定的场景保存起来。这样，才能创作出既有条理又富有深度的作品。

当自己知道了需要把信息积木进一步归纳整理的重要性之后，那么问题来了，该如何整理？

古希腊哲学家亚里士多德提出过一个哲学术语“第一性原理”，即“每个系统中存在一个最基本的命题，它不能被违背或删除。”

要明白无论整理动作多复杂，核心目的就一个：用最短的时间找到所需的信息积木。为了这个目的，可以从三个方面去整理。

一、标题整理

所谓的标题整理，就是给信息积木命名，需要一套优化标题的万能公式，便于统一命名。

标题命名 = 主题前缀 + 类别前缀 + 关键词

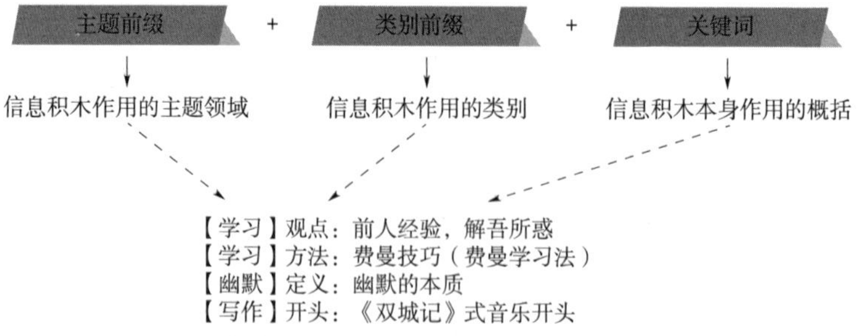

标题命名

【主题前缀】指的就是信息积木作用的主题领域，【类别前缀】则是指信息积木所属的信息类别，而【关键词】指的就是对信息积木本身作用的一个总概括。举例说明：

标题命名：【学习】观点——前人经验，解吾所惑。

标题命名：【学习】方法——费曼技巧（费曼学习法）。

标题命名：【幽默】定义——幽默的本质。

标题命名：【写作】开头——《双城记》式音乐开头。

当然，这是一套比较通用的命名思路，也可以在这个公式的基础上，根据不同的笔记类型，做出相应的变化。

那对于公式的第一部分【主题前缀】这块，就直接用下面要讲的主题文件夹的名字即可。

而对于第二部分【类别前缀】，就可以直接套用前面讲到的知识积木、素材积木，根据它们的内容属性指向，确定类别，比如观点、案例、类比、段子、金句……

第三个部分【关键词】的命名就更好操作了。

搜索一条信息的逻辑要先从大脑里面检索出一个关键词，关键词相当于一个线索，找到这个线索，问题就迎刃而解。

那么，整理一条笔记最重要的是提取关键词。《佐藤可士和的超整理术》里面整理内容的一个方法：导入观点，看见远景。

翻译下就是，当看到很多凌乱的信息时，要提取出关键词，这就相当于导入了自己的观点。

整理信息不能凭感觉判断，需要明确的观点，才能整理好信息。如果将导入观点想象成网络搜索引擎，就很容易理解。

要从庞大的数据库找出所需数据，必须输入关键词。这个关键词就是一个观点，或者是一个概念。至于如何提炼关键词，可以再回顾一下采装篇。

二、主题整理

这个和前面加工信息积木的思路类似，也需要根据不同属性的积木给出不同的处理方法：一种是有主题归类，一种是无主题归类。

1. 有主题归类

想想小孩子是怎么拼积木的，我家孩子很喜欢拼积木，家里买了好多套积木，因为积木太多，我会把不同的积木放在不同的盒子里，避免每次拼装时都要到处找。

整理的目的就是为了高效创作作品，我干吗不弄一个积木的盒子？

同样的，只用建立一个主题文件夹，将相同主题的信息积木放在一起即可。

系统性构建，碎片化积累。当我们想写某一主题的文章时，看到和一个主题相关的信息，将其加工成信息积木，保存到主题文件夹中。不断积累，最后直接用文案模型创作即可。

2. 无主题归类

那还有一些非主题类的（内容比较零碎，没有办法或者暂时没有必要构建体系，但对我们有用的储备性内容），怎么整理呢？

有没有一种方法，既可以做到分类清晰、调用明确，还可以让我们在归纳它们的时候，沿着这个目标的指引，最终找到的一个方法，就是粗归类。

说白了就是不再以信息积木的作用属性作为分类文件夹的标准了，而是以信息积木的来源这个唯一的维度，作为分类这些知识积木的唯一标准。

五种来源，分别是书籍、课程、文章、影音以及其他。

如果这个信息积木，是来自你读的书，那么你就可以直接把它放到【来自书籍】这个文件夹里。

那同样的道理，如果这个信息积木是你通过听课、听讲座、演讲等形式获得的，那么你就可以直接把它放到【来自课程】文件夹里。

同样的，如果你的这个信息积木是你通过刷公众号或者在其他图文平台获得的，那么你就可以把它放到【来自文章】文件夹里。

如果你的这个信息积木是你通过刷视频、听音频、看节目、刷剧等方式获得的，那么你就可以把它放到【来自影音】文件夹里。

而对于那些来自日常生活或者其他场景的信息积木，你就可以直接把它扔到【来自其他】这个文件夹里。

带着这样的思路，去整理信息积木的时候，是不是就完全不用纠结分类了。

而且这样的唯一维度，可以让我们瞬间就完成信息积木的清理以及分发了。

三、标签整理

敏感的朋友，听到这里，是否还有一个问题：如果一块信息积木有多个主题或者多个类别属性怎么办？别着急，这就是后面要使用笔记软件的原因，它能提供标签的功能，完美解决这个问题。

（一）什么是标签

标签是另一个维度的分类，什么是标签呢？

给一个信息积木添加一个标签和把一个信息积木放到一个文件夹中，都是给这个信息积木做了归类，本质上没有什么区别。只是标签的优势更大。

因为随着海量信息的涌入，不可能建立上百个文件夹来分类信息，那查找起来太费劲了。这时需要用标签对信息积木进行分类，可以对一个信息积木贴上不同的标签，只需要搜索一个标签，就能找到这个信息积木。

下面举个例子说明标签的优势。

你是一个图书管理员，整理书架的时候，一本书的分类是唯一的，只能放在一个架子上。比如一本书属于历史研究，放到历史类的架子上，就不可能再放到人物传记的书架上。分类像是一个容器，一旦装入一个里面，就不能装入另一个容器。

一对一的分类是为了精准索引，在图书馆找一本书，根据索书号，就能快速定位。同样，数字世界的文件夹也具有容器属性，你把一本书或者一份资料放到【认知科学】文件夹，就不能放入【人物传记】文件夹，只要是用文件夹的分类方式，我们终究会遇到一个鸡蛋不能同时放到多个篮子里的困境，除非你不怕麻烦再复制一份，这显然不是管理信息的好方法。

但是，一本书或者一份资料可以贴上很多个标签，帮助你从不同角度来索引。

比如费曼《发现的乐趣》这本书，可以贴上【科学】标签，也可以贴上【智者思想】，同时也可以贴上【人物演讲】【探索观察】等，搜索任何一个标签，都能找到这本书。标签打破了容器属性的限制，这样极大方便我们对信息的分类和调取。

用一句话总结：文件夹一对一，标签一对多。

那么，用标签的场景就非常清晰了，只要是具备“一对多”属性的信息积木，都可以打上标签，显而易见，标题中的主题和类别都符合。

（二）遵循什么样的规则去打标签

关于这一点，根据我多年的学习和实践，总结了一套非常流畅的标签体系。

1. 主题标签

主题标签指的是：为那些能构成主题或者有主题指向的信息积木，贴的专属标签。

比如前面的知识积木——费曼技巧，就可以给它打上这么几个标签：【学习】【学习方法】【知识体系】【知识管理】等。

2. 类别标签

类别标签的核心作用就是为了补充上节课所提到的标题前缀类别的局限性，放大我们的索引范围和提供更多索引线索。

比如，前面的素材积木：《双城记》式音乐开头。它既可以是开头，也可以是金句。那么你可以打上【开头】【金句】等标签。

所以，这也解释了为什么上一章所说的标题的主题前缀、类别前缀，可以看心情随意选择的原因。

3. 其他标签

除了这两类主要标签，其实还可以根据个人需要，添加其他类型的标签，比如来源标签、重要度标签、优先级标签等。

而且，在打标签的这个过程中，不需要为贴标签的精准性而感到纠结。

只要自己认为埋下的这条线索在以后索引的时候可能会用到，那么就可以大胆放心地打上相应的标签，反正打再多也不会混乱，反而还多出一条条的提取线索。

如果愿意，可以为一个信息积木打上无数个类别标签，一点也不用担心鸡蛋不能同时放在多个篮子的困境。

至于怎么打标签，用笔记软件就能够轻松实现，在进化篇中会有用笔记软件打标签的实操讲解，这里只需要明白标签的整理规则就行了。

好了，到这里，当理解了这两种收纳体系的思想之后，那么整个整理归纳的逻辑也就清晰了。

首先，通过收集箱对外捕捉有价值的触动信息，然后通过深度学习，把这些触动信息加工为成品的信息积木。

当完成了对触动信息的萃取之后，对于那些可以纳入特定主题的信息积木，将它们直接按照主题的形式汇入相应的主题盒。

而对于那些没有办法，或者很难，或者是暂时还不知道哪些主题能接收它们的信息积木，把它们按照最粗的分类维度，直接放到素材库的五个文件夹里。

等需要的时候，再通过索引机制进行调用，或者等时机成熟了，再把它们纳入相应的体系。

第三节　独家封装心法，让文章内容浑然一体

目前有三种积木加工的方法，其实针对的是三种情形：知识要提问、素材要改编、灵感要速记。

因为灵感积木最终也是转化成知识积木和素材积木，所以对于这两类“积木”，有三种处理方法：

一是强思辨性的知识，用“铲子问题”挖掘。

二是弱思辨性的知识，用“基础问题”梳理。

三是常用的写作素材，用“改编技术”改写。

后面又有标题、主题、标签三个整理方向，可能有人会问，为什么把封装信息积木搞这么复杂？

这是因为人类的大脑具有“忘却”功能，很少有人记得“两周前的中午吃了什么”。

大脑每秒接收的海量信息中，只有极少部分能被有意识地处理。如果不加工、不整理，信息就是一地鸡毛，杂乱无章。为了让这些信息真正内化为我们的智慧，我们需要改变思维方式。

这里，要介绍一个理论——必要难度理论。这个理论由认知科学家比约克夫妇提出，它强调信息加工的难度与提取效率成正比。

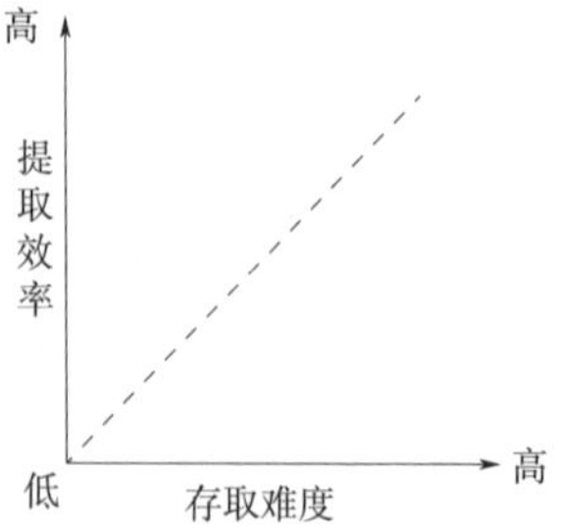

必要难度理论

简单来说，如果轻松处理信息，提取时就会困难重重；反之，如果加工时费力，提取时就会轻而易举。

人的记忆有两种基本机制：存储和提取。存储越容易，提取就越困难。就像是一个大型图书馆，有两个核心功能：藏书（存储）和借书（提取）。有趣的是，藏书的过程越轻松，日后想要找到那本书就越难。

以学习场景为例，如果你在课堂上一边听讲一边做笔记，信息存储的过程相对容易，但过段时间后，这些信息可能变得模糊不清，难以回忆。一个更有效的策略是，课后稍作复习，然后第二天再整理笔记。这样做虽然在回忆时会遇到更多挑战，可一旦成功提取，这些信息会在你的记忆中留下更深的烙印。

因此，当你在封装积木感到心烦意乱时，不妨回想一下比约克的必要难度理论。不要为了追求速度而牺牲了学习的深度。过去，你可能习惯于凭直觉快速处理信息，但现在需要扪心自问：那些曾经读过的书籍、学过的知识，有多少真正留在了脑海中？

这就有点类似于著名导演伍迪·艾伦嘲讽那些迷信速读技巧的人所说的一样：我学会了用 20 分读完《战争与和平》，不过我只记得这是一个讲俄国的故事。

记住：少即是多，慢即是快。每天认真加工几个触动信息，远比浮皮潦草地处理大量信息更有效。只要每天踏实做好该做的事，每天都会有所收获。正如查理·芒格所说："只要你做好正确而艰难的事情，它带给你的复利效应，一定会让你惊喜。"

好了，到目前为止，就讲完了从输入到加工处理的全部逻辑。

但是我们都知道，光有输入和整理可不行。养兵千日，就是为了用兵一时。所谓的用兵，就是我们的创作啦。这一点呢，留在下个章节来讲。

读书笔记

第五章

拼装：下笔如有神的秘诀

写作就像做题，做对一两道题并不稀奇，有可能是猜对的，也有可能是死记硬背或者抄袭别人的答案。没必要吹嘘自己多厉害，说不定下一道题就做错了。真正厉害的是拥有解题思路的人，一通百通，这样的人才能对考卷答题或者实际问题应付自如、游刃有余。

第一节　目的达成：好文章核心标准

收集好素材，终于来到拼装成文的阶段了，拼装其实很好理解，就是把加工好的信息积木拼接成文。至此，才算是正式踏上了动笔创作的征途。

然而，在挥毫泼墨之前，尚有一事值得我们驻足深思：什么是好文章？

经常听到“想写出好文章”的声音，究竟“好文章”的标准是什么？这恐怕就是仁者见仁智者见智了。从实用主义的角度来看，所谓的“好文章”就是“达成目的的文章”。

这里的“达成目的”可能涉及多个层面，比如：

信息传递：文章有效地传达了作者想要表达的信息或知识，使读者能够清晰理解并吸收。

情感共鸣：文章能够触动读者的内心，引发共鸣，让读者在情感上有所触动或反思。

说服或影响：在某些情况下，文章旨在说服读者接受某种观点、采取行动或改变态度。

娱乐或启发：提供阅读乐趣，让读者享受阅读过程，或者通过新颖的视角、独特的思考启发读者。

学术贡献：在特定领域内提出了新的观点、理论或实证发现，对学科发展有所贡献。

哪怕是写给自己看的文章或者私密日记，目的一般是记录或者满足自我情绪价值。

话说，为了达成写作目的，要做到什么呢？这里就要用到“三者思维”了。

一、读者模式

在写作时应秉持一种“送礼心态”，即将每一篇文章视为精心准备、赠予读者的珍贵礼物。

正如挑选礼物时，会细心考量收礼人的喜好与兴趣：是挑选一束芬芳的花朵，还是一份美味佳肴更为合适？或许小巧精致的物件能触动他的心弦？又或是他更偏爱电影票，期待一场视觉盛宴，抑或舞台剧入场券，沉浸于艺术的海洋？

这样的细致考量，同样适用于写作过程。在读者模式下，要把握三个方面：

1. 明确目标读者

要考虑文章是给哪些人群来看的，也就是说，我的读者人群是谁，这是我们首先要考虑的。

《谁动了我的奶酪》的作者斯宾塞·约翰逊有个著名的问句：“如果你只写自己想写的书，而不是读者想读的，那你诉求的对象是自己而非读者，这样怎会成功？”

只有精准定位目标读者，才能写出让对方产生共鸣的文章。

2. 把握读者需求

要考虑的是这些人群他们关注什么，他们的痛点是什么，他们想得到的是什么。

最好的方法就是和读者交流，如果实在没有接触目标读者的机会，可以直接借助 AI 提问，只要明确了目标读者，并把握好他们的需求，写一篇让读者受益的文章并不是件难事。

3. 预设读者反应

读者看到这篇文章后会怎么说、怎么做，会不会引起他们的共鸣，会不会引起他们的笑、他们的骂、他们的哭？如果读者看完文章后说写的啥玩意儿，那我们的文章就是失败的；如果读者看完后，有思考，甚至掉眼泪，或者冷笑一声，这说明我们的文章是成功的。

很多人写文章只考虑自己的感受，而不在意读者的反应。无论写什么类型的文章，都要“预设读者反应”。这是达成写作目的的秘诀。

所以说读者模式，首先是要把握的读者是谁，也就是读者群体。其次，读者群体的关注点和痛点是什么，另外读者看完文章后会不会引起共鸣？

二、商者模式

全球畅销书《心灵鸡汤》的作者马克·汉森认为，写作最关键的地方，就是要像商人一样思考。

作者不仅是产品制造者，更是一个创业者。你有一件产品要卖。你需要像商人一样去思考，怎样才能把这产品卖出去。这就意味着，你不仅要花时间在内容编辑上，更要投资时间在营销活动上。

如何像商者一样思考，需要找出下面七个问题的答案：

（1）这件产品的功能是什么（有用、有利、让人开心、有助成长、让人幸福、丰富人生、让人感动、使人治愈）？

（2）你要在哪些平台发布？

（3）主打平台的规则是什么？

（4）营销词是什么（引导读者去搜索、独一无二的个人词汇）？

（5）我的营销预算是多少？

（6）我已经有的适当资源是什么？

（7）我认识什么人可以帮助我？

这七个问题，需要在选题策划时就考虑清楚，在这个基础上制定出完整的营销方案。

三、作者模式

在前面读者、商者的基础上，才能开始动笔写作，这里的作者模式就是教你怎么用信息积木快速搭建一篇文章。在前面的“积木流程图”中，拼装其实也分为两步：第一步是筛选积木；第二步是摆弄积木。具体的方法是“热写冷改”，放在下一节来讲。

一般而言，前面的读者模式、商者模式是最重要的，而在写作阶段的收集信息和整理信息是最花时间的，因为需要连贯地处理大量的数据。

但不少人写作的时候往往本末倒置，认为收集信息或整理信息是最重要的，读者分析和商者分析是最不愿花时间和最容易忽略的。

不要在读者分析和商者分析这个部分吝啬时间，因为所有的努力都不会白费，付出总有回报。

读者、商者、作者与写作目的之间的关系，可以总结成一个“写作漏斗”。

写作漏斗

再重复一遍，每个人写作都有目的，而本书所说的“好文章”指的就是很好地达成了写作目的的文章。

要想写出好文章，“读者模式”“商者模式”最为关键。另外，动笔的时候一定要遵循“作者模式”，进行“热写冷改”。只有做好这些，才能写出“可被当作送给读者礼物的好文章”。

如果你写的文章尚未达成目的，那一定是读者、商者、作者里某个环节存在不足，请参照每一项的具体内容，边写边确认。

第二节　温差效应：热创作与冷修改

在拼装阶段，强调“热写冷改”的核心理念，即热情写作、冷静修改。

热情写作与冷静修改是两个不可或缺的环节。热情是创作的源泉，它驱动作者挥洒笔墨，将心中的想法、情感倾泻而出，形成初稿的丰富与多彩。但仅有热情是不够的，真正的佳作往往诞生于冷静的修改之中。

修改是冷静地反思，是对文字的雕琢与打磨，它让我们在热情奔放之后，以理性的眼光审视自己的作品，去掉冗余、精练语言，调整结构，使作品在逻辑上更加严密，表达上更加精准。

因此，热情与冷静是写作的双翼，只有两者结合，才能飞翔得更高更远，创作出既有情感深度又有逻辑力量的佳作。

一、热情写作

（一）固定时间

每个写作者都梦想着进入那个神奇的“心流”状态，感觉自己就像个文字魔法师，但怎么进入这个魔法世界，每个人都有自己的小秘诀。

顶级文案撰稿人尤金·施瓦兹，这位《突破性广告》的作者，他的写作秘诀是每次只给自己33分33秒的时间，全情投入，不受任何干扰。他设置闹铃，这段时间内只专注于写作，哪怕只是静静地坐着，喝着咖啡，他都能感受到自己正在创作的节奏。

著名童话作家郑渊洁有一个坚持了近四十年的习惯：晚上六点半

睡觉，清晨四点半起床写作，用两个小时完成一天的工作，这样他就是“全世界最清闲的人”。

比如我，在写之前，会做一些动作，提前上厕所，把水、笔、纸张等准备好，手机调成静音，把身边可能干扰我的东西，全部清除掉，选一个舒适的椅子，坐下来，然后，才能进入写作状态。

每个人都有自己的写作习惯。可以在早晨写作，也可以在上午写作，甚至深夜写作，或者任意一个时间。只要找到一个自己喜欢的时间去写作，然后坚持。

留出一定的时间用于写作，对创作过程的顺利进行非常重要。

尤金·施瓦兹的写作时间虽然只有 33 分 33 秒，但他能在这段时间内充分表达自己的想法，然后停下来去做其他事情。这就是他的节奏，这也是他的写作哲学。

找到适合自己的节奏，并坚持下去。不管写作时间定多久，都应该在那段时间只写作，不做别的，因为那是“那段时间”应该做的事情。

（二）筛选信息

写作和修改不一样，写作的时候是创作者角色，放飞自我、想到什么写什么。写作做的是“加法”，尽可能地把收集的信息积木写入文章。当然，若把所有信息都加入其中，文章则易变得冗长。并且，笔者的想法越多，这个问题会越突出，没关系，在“修改”环节会进行处理。

这里会用到一个工具，就是“思维导图”。很多人会纳闷，在整理的环节已经将所有素材放到一个主题文件夹里面了，为什么还要筛选。其实不然。

真正写的时候，会发现搜索的信息积木并不是全部需要的，有些可能用不上，有些甚至还不够，需要增加，主要从两个方面进行筛选。

1. 筛选选题

写什么比怎么写更重要。

写什么其实就是选题，这个选题不是固定的，只是让自己先有一个写作方向，后面可以根据读者分析、信息积木等进行更改。

选题好比约会的开场白，如果你说的是“你好，我叫 ××，我有个很有趣的故事想告诉你”，相较于“你好，我叫 ××，我要跟你探讨一下宇宙奥秘”，显然前者更容易引发对话的兴趣。

确定选题，找到“宝藏”而非“废墟”，在同质化严重的写作领域，一个独特的选题是脱颖而出的法宝。

思维导图

2. 信息积木

从主题盒中筛选出适合该选题的知识积木、素材积木以及灵感。灵感随时随地都可能出现，始终要保持记录产生的灵感。

举一个例子，在“个人品牌”这个主题下，我准备写一篇关于“体制内如何打造个人品牌”的文章。

当然，有些笔记软件自带思维导图甚至双链功能，能够链接更多信息积木供选择，可以将所需的信息积木放在一起，充分发挥启动效应。

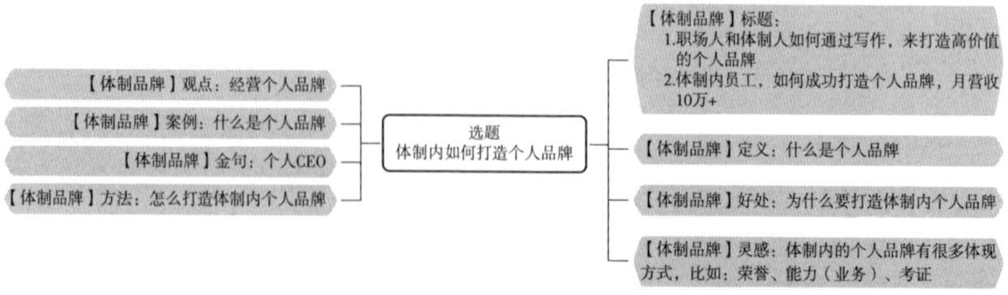

筛选信息积木

（三）一气呵成

古时的战争智慧说明："一鼓作气，再而衰，三而竭。"这不仅是战场上的策略，同样适用于我们的写作过程。每个人都有自己的写作节奏和流程，但观察那些成功的作家，你会发现他们有一个共同点：能够迅速完成初稿。

过度雕琢每个句子，反复调整段落结构，可能会让创意的火花在犹豫和拖延中熄灭。

写作过程中，遇到难点或卡壳是常有的事。此时，不妨用星号（***）作为暂时的替代，继续向前推进。回头再填补这些空白，往往能更加清晰地看到整体的脉络。同时，对于引用的内容，记得用尖括号（<>）进行标注，并注明来源。这样的写作方法有助于提高效率和不让灵感中断。

比较快的方式是采用现成的模板，按照模板直接进行拼装，如果感觉自己写不好或者素材过多，需要进一步提炼的时候，可以借助 AI 工具，根据写作要求，快速生成相关文章，节省时间和精力。还能适应用户的写作风格和习惯，提供个性化的写作建议，进一步提高文章质量。

"体制内如何打造个人品牌"这篇文章，根据所收集的信息积木，采取"是什么、为什么、怎么做"这个结构模板拼装而成，详细文章你可以关注"笔戈匠"，输入"体制品牌"即可阅读全文。

二、冷静修改

（一）冷却时间

修改的时候一篇文章看的遍数多了，会感到麻木，无法分辨好坏。这时候最好的办法就是把文章先放在一边，自己去干别的事。

这就是我倡导的一个独特的创作理念——"24 小时原则"。这一原则的核心在于，当完成初稿后，不急于立即进行修订或完善，而是给予文章至少24小时的冷却时间。这种做法的背后，蕴含着深刻的创作智慧。

当沉浸于写作的过程中，思维往往处于高度活跃和集中的状态。这种状态下，可能会过于关注自己的表达方式和观点，而忽视了文章的整体结构和读者的阅读体验。

经过一段时间的沉淀，作者的思维会变得更加清晰，更容易发现初稿中可能存在的逻辑漏洞、语言表达上的不准确或是情感表达上的偏差。这种冷却效应有助于作者以更加客观和批判性的眼光去审视自己的文字，进而在后续的修改中提升文章的质量和深度。因此，遵循“24小时原则”，不仅是对文字的尊重，更是对读者负责的表现，让每一篇作品都能够在时间的磨砺下熠熠生辉。

（二）大声朗读

在积木写作法中，每一块信息积木都是文章的重要组成部分，但有时候，这些积木在组合过程中可能会产生一些不协调的音符。这时，朗读就如同一位敏锐的调音师，帮助作者捕捉到这些不和谐之处。

通过朗读，文字不再是静止的，而是跃然纸上，生动起来。这种动态的阅读方式使作者能够更直观地感受到语言的流畅性和连贯性。有时候，某些句子在默读时可能觉得没问题，但一读出声，就会发现它们像是一块块突兀的积木，破坏了整体的和谐。

因此，建议每位作者在完成初稿后，都要大声朗读自己的作品。通过朗读进行修改，不仅提升了文章的可读性，也增强了作者与读者之间的连接。

（三）修改清单

过去，我的修改主要局限于错别字和语句通顺性的检查，显然，这远远不足以让文章更上一层楼。

在阅读《穷查理宝典》时，芒格的一句话点醒了我："运用检查清单是防止投资决策出现大错的最简单又最有效的方法。"我意识到，这一方法同样适用于文章修改。

就像飞行员在起飞前会仔细检查飞机的各项参数，以确保飞行安全，我们在文章发布前，也需要使用检查清单，对文章进行全面审查。这不仅能够确保文章质量，还能避免可能出现的错误。

在撰写完文章后，可以对照以下清单进行审查：

标题：是否表达出了观点，是否用了2种及以上的爆款标题取法，是否有吸引力。

开头：铺垫是否过长，有无场景代入引发共鸣，是否能吸引读者继续看下去。

内容：素材是否能支撑观点，是否结合热点，素材是否有3个及以上，能否引发情绪共鸣。

语言：每句话要简短，最好不要超过20个字。删掉任何一个不必要的词，包括大多数形容词和副词。使你的文章尽可能精简，能够完整传递你的信息即可。

结构：逻辑是否清晰，每个部分是否单独取了小标题，每部分顺序是否正确、衔接是否紧密。

结尾：是否能激发读者转发。

金句：是否有名人名言，是否有原创金句。

配图：是否相关，是否正版，是否有吸引力。

排版：标点、错别字、行间距、加粗等，使用短段落，每段控制在1~4行之间，最好不要超过6行。

许多人都渴望找到一种神奇的"灵丹妙药"，希望文章一遍就能完美无缺，如同高尔夫球手期待一杆进洞。

然而，这种成功概率比中彩票还低。

好文章是改出来的，我看过很多大作家讲写作方法，他们都提到了这一点，所有人的初稿都是惨不忍睹的。

以《战争与和平》为例，这部作品经过了7次的修订；海明威的《永别了，武器》结尾部分更是修改了39次。就连唐宋八大家之一的欧阳修，也会在写完文章后贴在墙上，随时准备进行修改。这些大师的作品尚且需要不断完善，何况我们普通人的写作呢？

通常来说，完成一篇文章后，我会至少阅读三到五遍，每次都能发现需要改进的地方。改过5遍的文章，跟你第一遍的初稿比起来，简直是天壤之别。

你在修改上下的功夫越足，出来的作品就会越精致。想成为一个好的写作者，就一定要有一颗匠人之心。

第三节　速装矩阵：模块化拼装三法

拼接其实也体现了创作算法的思想，整个写作流程是一个大的创作算法，具体写一篇文章，可以理解成一个小的创作算法。

上面说过拼装有三种模式，当确定了使用哪种模式的时候，才能开始正式的写作。模式分为以下三种：

一、模板拼装法

如果仔细观察工匠大师手工打造的家具，会发现他使用的许多方法都非常简单。在任何有关木工的基本书籍中，你都能学到这些方法。那么，为什么一个普通人想用这些方法做一个桌子，结果却很粗糙呢？

因为，大师知道很多把零件组合在一起的小秘诀——让每个小部分恰到好处地发挥作用。这无形的结构，让一台电脑，或一把椅子，或一篇新媒体文章的各个部分组成一个天衣无缝的整体。

正是这个隐藏的结构之道，造就了普通文章和优秀文章的区别。

这个结构就是模板。

模板是快速启动写作的关键。提炼模板主要有两个目的：一个是提供写作思路，第二个是提升写作速率。

很多人都觉得模板要自己提炼，那不是太麻烦了吗？

其实不然，大部分模板，前人已经总结出来了，只要“拿来主义”就行了。本书的“模板篇”，会提供更多、更详细的模板写作技巧。这里我们先列举三种模板：

（一）列举型模板

写作顺序：

A. 整体构思→ B. 列举要点 1 → C. 列举要点 2 → D. 列举要点 3 → E. 总结。

举例：【列举型的文章】

【整体构思】学习一门外语的三个关键。

【列举要点 1】第一点，拓宽就业机会。

【列举要点 2】第二点，促进脑功能发展。

【列举要点 3】第三点，丰富文化视野。

【总结】学习外语是个人成长不可或缺的一部分。

（二）观点型模板

写作顺序：

A. 观点→ B. 理由（解释）→ C. 案例（举例）→ D. 总结。

举例：【观点型的文章】

【观点】阅读是提高写作水平的关键。

【理由】这是因为通过阅读，可以积累更多的词汇和句型，提高语言表达能力。

【案例】举个例子，著名作家乔治·奥威尔就曾说过，他的写作受到大量阅读的影响，阅读使他更有深度和广度。

【总结】因此，要提高写作水平，首要任务是多读书。

（三）故事型模板

写作顺序：

A. 所处困境状态→B. 转机→C. 转变与成长→D. 展望未来。

举例：【故事型的文章】

【困境】小时候，我是一个胆小的孩子。

【转机】一次，我不小心走进了一个黑暗的山洞，吓得不敢动弹。

【转变】然而，正是在那片黑暗中，我发现了一只受伤的小鸟，我把它抱回家，照顾了它好几天。

【未来】这次经历让我变得更加勇敢，我决定要像那只小鸟一样坚强，展望未来的生活。

二、逻辑拼装法

不知你是否有过这种情形，文章写完之后读一读，总觉得有些地方不通，需要再顺一顺。

什么是“顺”，如何才能“顺”？

一篇文章顺不顺，关键看脉络清不清晰，而脉络的实质是逻辑。所以，顺与不顺，说到底，还是逻辑问题。

逻辑犹如文章的经络，逻辑不通则经络不畅、气血不活，文章也就不顺。唯有理顺逻辑，才能舒筋活血，让文脉畅通起来，让杂乱无章的事物“线性”地呈现出来。

这就是第二种拼接模式：逻辑拼接。

那么，写作中，有哪些逻辑可循呢?

（一）纵向逻辑

纵向逻辑，又称垂直逻辑，主要关注的是文章或论述中的因果关系、时间顺序、论证层次等。它要求作者在写作时，按照事物发展的时间顺序或逻辑推理的深入程度，层层递进，逐步深入，使读者能够跟随作者的思路，由浅入深地理解主题。

案例：

在撰写一篇关于人工智能发展历史的文章时，作者可能从最初的机械自动化开始，逐渐过渡到电子计算机的诞生，再到机器学习的兴起，最后展望人工智能的未来趋势。

这样的写作顺序就是典型的纵向逻辑，它按照时间顺序和技术发展的脉络，将人工智能的发展历程清晰地呈现给读者。

（二）横向逻辑

横向逻辑，又称水平逻辑，主要关注的是文章或论述中的并列关系、分类讨论、对比比较等。它要求作者在写作时，将同一层次的内容进行并列处理，或者对不同的事物进行对比分析，使读者能够在同一层面上对文章的主题进行全面理解。

案例：

在撰写一篇关于健康生活方式的文章时，作者可能会从饮食、运动、睡眠等多个方面入手，分别讨论这些方面对健康的影响。

这样的写作方式就是横向逻辑，它通过对健康生活方式的不同方面进行并列讨论，使读者能够全面了解健康生活的各个方面。

（三）立体逻辑

立体逻辑是一种更为复杂的逻辑结构，它要求作者在写作时，同时考虑纵向和横向的逻辑关系，形成一个立体的论述框架。立体逻辑不仅关注事物的因果关系和并列关系，还注重不同层面之间的交叉和融合，使读者能够从多个角度和层面深入理解和评价文章的主题。

案例：

在撰写一篇关于城市可持续发展的文章时，作者可能会先从历史发展的角度分析城市发展的历程（纵向逻辑），然后分别从经济、社会、环境等多个方面讨论城市可持续发展的内涵和要求（横向逻辑）。同时，作者还可以进一步分析这些方面之间的相互作用和影响，形成一个立体的论述框架。

这样的写作方式就是立体逻辑，它通过对城市可持续发展的多个层面进行综合分析，使读者能够全面、深入地理解这一主题的复杂性和多样性。

逻辑就像建房子一样，如果结构是错的，那歪歪斜斜的房子，贴再好的瓷砖、刷再好的颜色都不好看。如果逻辑顺序不对的话，那添加再好的金句，词语写得再丰富多彩，文采再好，读者也很难看懂。

逻辑表达训练好了，再去研究文采、案例、金句等，一点点往上加。写文章的开头也是如此，先从简单的开始练。

但是逻辑有几点需要注意：

（1）一篇文章中可出现多个逻辑。这个特点指的是，在一篇文章当中，既可以使用纵向逻辑，也可以使用横向逻辑……这些逻辑之间并不存在竞争、排斥关系，它们之间是相互包容、相互结合的关系。

（2）逻辑与模板并不冲突，模板其实也蕴含了一定的逻辑，模板是一种体例逻辑。逻辑可以运用在任何地方。这个特点指的是，逻辑并非仅仅适合于整体的模板，同样也能够适用于一些微观、具体内容。

（3）逻辑可以进行嵌套使用。这个特点指的是，对于一篇文章，第1层可以是一种逻辑，到第2层可以是另外一种逻辑，再到第3层还可以是另外一种逻辑。比如，第1层我们使用“时间推进”的纵向逻辑；

到了第 2 层，可以使用“并列排序”的纵向逻辑；到了第 3 层，可以使用“空间推进”的纵向逻辑。这样使用的好处是能够增加整体文章的丰富性，让整个文章的可读性更强。

三、改编拼装法

这应该是最快的一种拼接方法了，找到一篇范文，直接在其基础上进行改编，前面已经介绍 DRC 改编法了，其实这个方法是一种“屠龙之术”，都可以单独出一门课程了，往小了说，可以用来改写素材，往大了说，可以用来改编文章、改编体系。

改编的本质就是模仿。第四章里讲的富兰克林用的是这种方法，很多领域的高手，也都是改编大师，比如由黑格尔的“辩证法”和费尔巴哈的“唯物主义”“改编”而来的《辩证唯物主义》。改编的《辩证唯物主义》和原创的《资本论》一样在影响着世界。

还有我喜欢的武侠小说作家凤歌，他的长篇武侠小说《昆仑》卖了 80 万套，被称为“金庸后大陆武侠小说的领军人物”。

凤歌年轻时候沉迷于金庸武侠故事，一直梦想自己能够成为武侠小说写作的高手，写出那样吸引人的优秀武侠作品。

但是像他那样的作者太多了。自己资质平平，长期苦于找不到方法突破。凤歌起先也很困扰，但是很快想到了一个极其简单而有效的办法——拆解和模仿金庸。

先熟读很多遍自己最喜欢的一部金庸故事，然后提炼出故事框架提纲线，并进行分析，根据框架提纲整理出各章节的脉络、主线分线和具体内容搭配技巧，接着试着多次根据框架自己去写细节还原本来故事，还原出来的故事不断与原著对比差距在哪里。最后在研究透金庸故事的排兵布阵之法后，他按照套路开始了自己的创作之路！

使用这个方法，最终写出了《昆仑》《沧海》等新武侠的经典代表作。

凤歌的方法简单易学有效，非常具有借鉴价值，这就是改编技术的价值。

不用担心框架问题，原文就是现成的框架，即使框架一样，但每个人积累的信息积木不一样，所以也不会雷同。在改的过程中你会有新的思路或想法，可以在句子或段落中加入你的想法。改编就像修改衣服，可以把上衣修改成背心，把长裤改成短裤。用自己的语言，通过叙述和描写，重新组织文章。

读书是牛吃草，写作是牛挤奶，DRC改编法就是把牛奶变成各种品牌的奶粉或者奶制品。

第四节　跨界反应：高级拼装方程式

拼一篇文章，其实只是积木写作法的初级运用，我称其为“小拼”，

当你写的文章越来越多的时候，可以把它们归纳成为一个项目甚至是拼出自己的知识体系，这就是更高级的运用，我分别称为“中拼”和“大拼”。本书的重点仍然放在“如何写一篇文章”的写作之上，虽然“中拼”和“大拼”不是重点，但这里我提一下思路。

所谓项目，就是由多篇同主题的文章组成，知识体系就是多篇同主题的项目组成。

拿本书为例，它就是一套写作法的知识体系，每章可以理解成一个一个的项目，每章的小节就是一篇篇文章。

搭建知识体系，有一定的难度，除了需要阅读很多书籍、积累足够多的信息积木之外，还涉及“新知识与旧知识的联系”，也就是知识的具体分类部分。

这个步骤既简单，又很难。

搭建项目或者知识体系的方法有：从问出发、从点到网、从网到点

三种思路。这里仅做一个介绍，仅作帮助你拓宽思路之用，如果不好理解，可以暂时不予理会。

一、从问出发

对某个问题追问反思，咨询请教，有助于更深刻地理解问题。最经典的问题莫过于“黄金圈法则”了，搞清楚 2W1H（what-why-how）。这也是我非常喜欢的一种方式。

（1）是什么（含义、本质、误解）。

（2）为什么（意义、重要性）。

（3）怎么做（思维、流程、方法、技巧）。

二、从点到网

通过各种学习途径对知识进行分析和整理，形成知识体系，这种方式需要自己思考、自己分类，遵循的是 MECE 原则。

MECE 原则来自《金字塔原理》一书，它要求我们给知识分类的时候，同级之间要做到不重复、不遗漏。

注意！这个点非常重要。市面上 99% 的书籍和网课都没有这样做，但需要尽量按照这个原则去分类。

举几个例子：

比如，把旅行方式分为两大类——自由行和跟团游。

比如，把购物方式分为两大类——线上购物和线下购物。

比如，把学习方法分为两大类——主动学习和被动学习。

给知识分类的时候要带着 MECE 思维，但是一定不能死板，不是一定需要做到不遗漏，根据自身需求来。

三、从网到点

借助已有的知识体系框架，自己搜索信息进行填充。简单来说，就是站在巨人的肩膀上。

而这个“巨人”，最常见的就是经典书籍。一个真正的巨人，在他离开这个世界之前，会把他毕生的智慧和经验都凝聚在一本书里。这本书，就是他留给后人的最宝贵的财富。

所以，当想要进入一个新领域时，不妨先精心挑选该领域的一本书，认真梳理这本书的框架体系，借助这个框架体系作为自己的框架模型，然后往里面填充内容。

比如，如果想建立一个心理学的框架，那么可以读彭聃龄的《普通心理学》，作者对知识的分类，是非常体系且科学的。即使只看目录，也能一窥心理学的盛世美颜。

目 录

《普通心理学》目录

面对一个新领域时，别再盲目地摸索了。试着去找找那个属于自己的巨人吧！站在巨人的肩膀上，就会发现，原来构建知识帝国也可以这么简单！

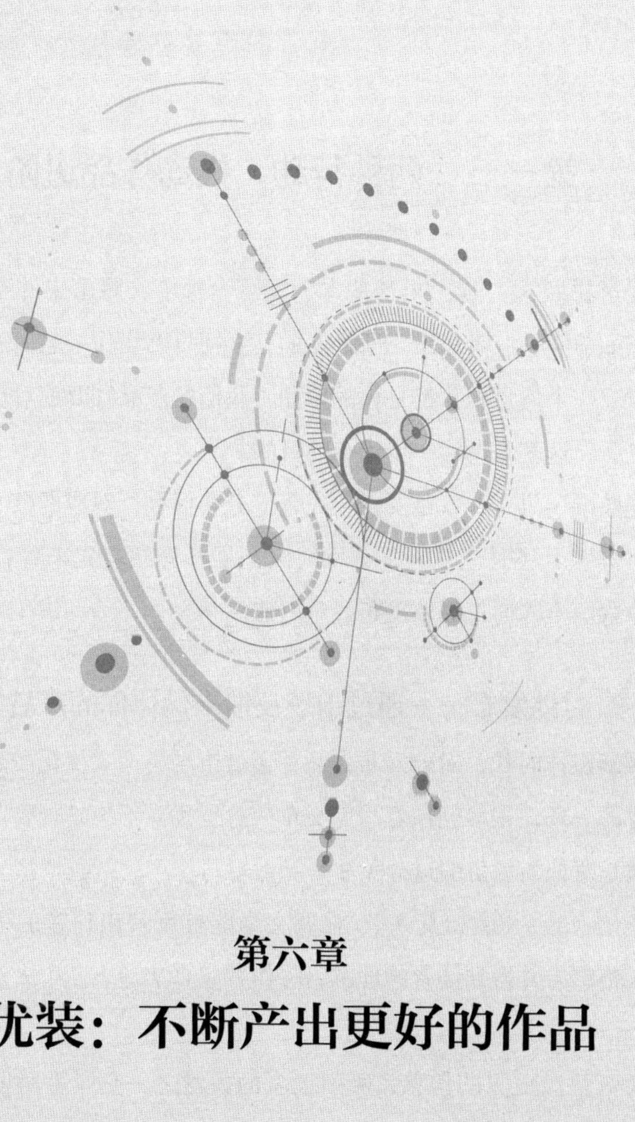

第六章

优装：不断产出更好的作品

人生苦短，要改变自己，就应该把目标聚集在“产出”上面，做任何事一定要有产出，选择上也做有产出的事情。

第一节　两种行动，推动作品进阶

经过拼装这一步，文章基本上就写出来了，写出来并不代表就完了，正如前面“三者思维”所提及的，要把自己当作一名商人，任何一篇文章、一个信息积木都是你的产品，我们的产品既要面对市场，也要迭代更新，这就是最后一步优装的目的。

优装顾名思义，就是要优化完善、分装保存，对应的核心步骤就是优化、分装。还是老规矩，分别对它们展开介绍。先来看看“优化”，主要包含两个方面：对外发布，对内迭代。

一、对外发布——通过市场反馈来优化你的产品

在新媒体时代，对外发布作品并通过市场反馈来优化产品已成为至关重要的一环。很多创作者写完文章后总是犹豫不决是否要发布，这背后往往是对他人评价的过分关注，导致对写作产生抵触情绪。

谚语有云：“文如其人。”强调文章能够反映出作者的个性。为了展现人格魅力并得到读者的理解，写作者应真实地表达个人观点，避免虚伪。

面对泛滥成灾的信息，吸引读者的关键之一是个性鲜明的“个人风格”。这就要求作者毫不犹豫、坚定地将自己的观点通过作品表达出来。

很多将自己真实想法通过文字表达并将文章公之于众的人，他们习惯用文字真实地表达个人见解和观点，自信让他们焕发出更为精神饱满的状态。与此同时，他们文章中蕴含的力量和引发的共鸣也同步增长。最终，喜欢他们的读者也因此而增多。

因此，建议不要过分在意他人的评价，将自己的文章发布在各大新

媒体平台上，可以借用一些“新媒体运营工具”，实现多平台一键管理、一键发布，做到一鱼多吃。

然后，通过监测后台数据，包括打开率、停留时间、观看人数以及读者评价等，不断优化和完善自己的文章。只有如此，你的文字才能在广大读者中产生更为深远的影响。

同时，在决定搭建或研究某一课题时，要带着将要输出作品的目标意识。这个作品可以是一本书、一套课程、一次演讲分享，又或者一篇报告。在学习的过程中，要时刻保持清晰的目标指向，这样有助于更好地管理和优化内容。

观察那些影响世界的伟人，他们的共同特点是将自己的想法、方法输出并应用，创造了影响深远的生产力。因此，千万不要只学不用、只进不出。正如德鲁克大师所说：“如果知识不能转化为改变世界的生产力，那么它就是无用的信息。”

封装信息积木的最终目的并不是写作本身，而是通过管理的手段，帮助自己更好地解决问题和输出创造作品。如果不将自己学到的知识输出出去，那么即使产生了再伟大的思想，它也只会在自己的大脑里独自狂欢，对于世界而言毫无价值。只有将知识输出，变成实际的作品，才能源源不断影响他人。

因此，对外发布作品并通过市场的反馈来优化产品，不仅是对自身思想的检验，更是与读者、市场保持互动的过程。这个过程不仅让自己的作品得到改进，也让自己的观点在更广泛的范围内产生影响。在信息传播的时代，作为创作者，不要躲在角落里自我欣赏，而是要大胆地将自己的声音传播出去，通过市场的回馈不断完善和提升自己的创作水平。

二、对内迭代——通过认知改变来优化你的产品

另外一种优化方式，就是迭代，它强调对于已完成的新媒体文章，

或者某个具体的信息积木，进行更新修正的动作。要做这个动作的原因也很简单，我曾经摘录过的一段话可以作为很好的回答：

三岁时，你紧握着手中的棒棒糖，坚定地以为那是最重要的；

五岁时，你花了整整一个下午，逮住了一只蜻蜓，那一刻，它是最重要的；

上学后，看着手里的奖状，你觉得那是最重要的；

十八岁那年，你日夜苦读，只为一张大学录取通知书，那段时间，它是最重要的；

成家后，家人的笑脸，父母的安康，比你的幸福更重要；

等你自己垂垂老矣时，你觉得，有一个健康的身体，其实也不错……

看到了吗，随着年岁的渐长，曾认为最重要的东西，会一直发生改变。

同样，加工的那些曾经对你有用的信息积木，会随着认知的成长和升级，而发生改变，从而导致文章的观点也会发生改变。

认知和人的阅历息息相关，同样一句话、一本书，在不同的时间和阶段，看待它们的时候，完全是两种不同的理解和感受！

所以说，认知并不是一成不变的，是会随着不断学习成长而慢慢升级的，信息积木和文章观点也会不断地改变。

明白了对内容更新迭代的意义，那在积木写作法里，该如何实操这点呢？

这里借鉴一位世界级数学家的方法。

他就是波利亚，著名美国数学家和数学教育家。长期从事数学教学，对数学思维的一般规律有深入的研究，在这方面的名著有《怎样解题》《数学的发现》《数学与猜想》等，它们被译成多种文字，广为流传。

“怎样解题表”就是《怎样解题》一书的精华，实际上，这本书就是“怎样解题表”的详细解释。

波利亚的“怎样解题表”将解题过程分成四个步骤，只要解题时按这四个步骤去做，必能成为解题高手。下面是波利亚的解题四步骤框架：

第一，弄清问题。

（1）已知是什么？未知是什么？要确定未知数，条件是什么？条件是否充分？满足条件是否可能？

（2）画张图，将已知标上。

（3）引入适当的符号。

（4）把条件的各个部分分开，把它们写下来。

第二，拟订计划：找出已知与求知之间的联系。

（1）你能否转化成一个相似的、熟悉的问题？

（2）你能否用自己的语言重新叙述这个问题？

（3）回到定义去。

（4）你能否解决问题的一部分？

（5）你是否利用了所有的条件？

第三，实行计划。

（1）写出你的求解计划，检验每个步骤。

（2）你能否说出你所写的每一步的理由？你能否证明这一步是正确的？

第四，回顾反思。

（1）你能否检验这个结论？

（2）你能否用别的方法导出这个结论？

（3）你能否把这个结果或这种方法用于解决其他的问题？

上面波利亚的解题步骤，不仅是解决数学问题的方法，也是解决生活中遇到任何问题的方法和步骤。

“怎样解题表”是波利亚在分解解题的思维过程中得到的，看似很平常的解题步骤或方法，其实却包含几代人的智慧结晶和经验总结。

在这张包括【弄清问题】【拟订计划】【实现计划】【回顾反思】四大步骤的解题全过程的解题表中，我们就是向其第四步【回顾反思】来借鉴经验。

当解决问题后，很多人往往忽略了第四步【回顾反思】，这是“学霸”和普通学生之间的一个重要区别。

每当解决一个问题后，通过回顾反思，举一反三，透过现象反推规律，再把规律推演到更多的现象里。

（一）回顾

首先来看回顾。回顾指的就是“回头看”的意思，说白了就是我们平常所理解的复习。

关于复习的重要性，不用废话太多，早在两千多年前，孔子就告诉我们：温故而知新，可以为师矣。我们都体会到大脑忘性之可怕。如果把信息积木只留在电脑里，从不进行提取复习，它就难以真正内化到我们大脑中。在遇到问题时，反应会迟钝，甚至会完全忘记曾经记录过的内容。因此，对于重要的信息，想要真正内化到大脑中，必须进行必要的复习回顾动作。

那么，对于信息积木中的内容，应该采取何种回顾方式呢？个人而言，一般有两种回顾方式：专题回顾和随机回顾。类似于之前所讲的主题搜集和零碎搜集。

第一种方式是专题回顾，即有明确复习主题，需要专门拿出时间进行有目的的复习。典型案例是考试前的备考场景。

第二种方式是随机回顾，也可称为随机漫步式回顾。与零碎搜集方式相似，它注重缘分，不需要明确复习主题，也不需要专门拿出时间。在日常生活中，碰到什么主题的触点信息，就可以在加工归纳时顺手对它们所在主题的信息积木进行回顾。

比如，在刷短视频时，当前的视频可能让我碰到了A体系的一个信息积木，而下一条视频可能涉及B体系的信息积木。只要带着不拘泥于任何场景的学习意识，就会很容易捕捉到来自各个体系的有趣内容。在对它们进行加工归纳时，就可以自然碰撞到它们所属的体系主题，并与它们发生自然的互动。

尽管这种随机漫步式的回顾效率并不是很高，但面对这个数量级的信息，随着时间的推移，这些点会逐渐形成网络，自然关联到一起。

（二）反思

再来看反思，主要是三方面的内容：

（1）你能否检验这个结论？

（2）你能否用别的方法导出这个结论？

（3）你能否把这个结果或这种方法用于解决其他的问题？

借鉴到写作之后，将其改为：

（1）是否这个信息积木已经过时失去价值？

（2）是否有新的信息来充实这个信息积木？

（3）是否可以将同质的信息积木进行合并？

在这里，【反思】的含义涵盖了对信息积木的三个关键方面的调整。以本书为例，核心部分已经完成，但并非立即发布，而是通过大量研究和学习进行了迭代打磨。

在日常学习、工作和生活中，无论是刷短视频、阅读还是交流，只要碰到有趣的观点、案例或其他信息，都会思考如何应用到积木写作法中，是否能解释观点，或者能否与其他体系产生关联和碰撞。

在这过程中，如果发现某信息比原有的方法更为出色，或者提供了新的角度和认知，就会吸收它，与原内容融合或补充。同样，对于体系内存在的逻辑问题或相似但本质相同的知识，会进行删减、优化和重组。

通过不断进行增与减的循环，随着时间的沉淀，书籍逻辑变得愈发丝滑，这就是迭代的过程。

仔细观察这一过程，无论是增加还是减少的调整，关键在于脑子里有一种善于捕获信息、将其与原有信息积木关联的迭代意识。若在这过程中脑子里从未有过这根弦，即使碰到有价值的内容，也会完全忽视，想不起这有价值的内容可以用在积木写作法的哪个地方。

因为具备了这种迭代意识，能够在随意的场景中源源不断地发现和捕捉到有价值的信息，并将其运用到积木写作法中，完成一次又一次的迭代。

因此，在进行某些主题研究时，一定要在大脑中留有随时与外界关联的迭代意识。当具备这种敏感性后，注意力会自动形成一个关注的范围，激发出“孕妇效应”（怀孕时更容易关注同样怀孕的人）。

嵌入迭代意识的大脑更容易注意和捕捉通常被忽视但与体系相关的信息。当孕妇效应出现时，工作、学习、生活中的大脑会不自觉地捕捉与主题相关的内容，如蜘蛛般将外界触点快速与大脑其他节点碰撞、融合，形成更大、更坚实的网络。

第二节　三大策略，拓宽创作边界

前面讲述了优化的两大动作，那么最后一大动作【分装】又是什么意思呢？其实很好理解，就是将写好的文章分类保存。

一、按年限对文件分类

第一种方法挺简单，按照年限对文件夹进行分类，比如2024年、2025年、2026年等，文件夹里面的文章按照“时间+主题关键词”命名，比如“2024年1月23日如何利用工具快速进行知识管理？”

二、自己搭建框架

第二种方法，自己搭建框架，对新人来说，最大的问题之一就是框架！

还记得前面说的“MECE”（相互独立，完全穷尽）原则吗，确保每个项目都是独立的，且分类能够覆盖所有可能性。所以先来建立框架：认知类、技能类、常识类、其他类。

框架主要是用来储存重要知识的，如果还有视频、音频资源之类的东西，不建议放到体系框架里面，请储存在其他地方。

体系框架主要分为四类：

1. 认知类

认知类主要指生活技能之上，那些更加重要的知识，比如经验、方法、原理、思维。具体参考如下：

思维模型与决策方法：包括批判性思维、逻辑思维、创新思维等认知工具和决策框架。

心理学与行为学：涵盖人类行为、心理动机、情绪管理等方面的知识。

学习与记忆技巧：涉及学习策略、记忆宫殿、联想记忆等提升学习效率的技巧。

2. 技能类

技能类主要指生活技能，比如英语、摄影、吉他、穿搭、美食等。具体参考如下：

专业技能：针对特定行业或职业的专业技能，如编程、设计、写作等。

沟通与表达：包括公开演讲、有效沟通、谈判技巧等。

领导力与管理：涵盖团队管理、项目管理、领导力培养等方面的技能。

个人效能：时间管理、自我激励、习惯养成等提升个人效率的技能。

3. 常识类

常识类独立出来了，主要记一些历史、人物、时事政治、情感等。具体参考如下：

自然科学：物理、化学、生物等自然科学基础知识。

社会科学：历史、地理、政治、经济等社会科学常识。

文化艺术：文学、艺术、音乐、电影等领域的常识和赏析。

生活常识：健康、安全、法律等日常生活必备知识。

4. 其他类

前面收集的一些没来得及归到任何主题、形成体系的信息积木，或者暂时无法归入以上类别的其他知识或新兴领域的知识（这个一般很少存在）。

注意，需要学习的领域，可能远不止这些，请按照自己的需要分类，因为每个人的需求不同，所以需要学习的知识也不同，这个框架仅供参考。

总之，灵活应变，不要太死板。

三、备份

第三种：分装的另外一种含义——备份。

想象一下，数据就像是珍藏的宝藏，万一哪天“藏宝图”（电脑、手机）丢了，那可就惨了。所以，要给这些宝贝数据多弄几个“分身”，确保它们的安全。这就是“321备份法则”大显身手的时候了！

简单来说，“3-2-1”就是：为重要数据创建3个备份副本，分别存放在2种不同的储存介质上，而且其中至少有一种是远程的。这样一来，即使本地出了什么问题，数据也能安然无恙。

三套副本、两种储存载体、一种远程介质，这就是“321”这个名字的由来。

321备份法则

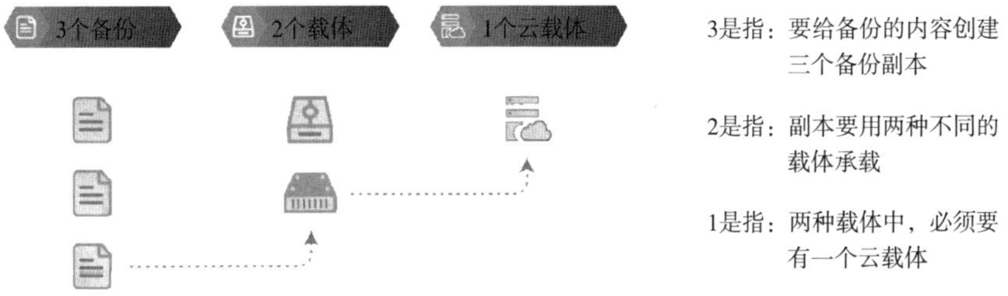

321 备份法则

那么这个法则具体怎么操作呢?

第一份副本，当然是最方便的，直接放在本地电脑上。这样，你随时都能快速访问到它们。

第二份副本，可以交给云端来保管。比如，可以把数据同步到笔记软件的服务器上，利用云端的同步功能，实现数据的另一个“分身”。

至于第三份副本，给它找个更稳妥的地方——支持自动备份功能的网盘，比如百度网盘之类的。这样，即使电脑或手机出了问题，数据也能在网盘中安然无恙。

而且，这些网盘还有一个好处，就是能实现跨设备同步。也就是说，无论在哪个设备上，都能随时访问到自己的数据。

当然，如果对上面的三种方案还不满意，或者想要更保险一点，那还可以考虑购买移动硬盘来备份。

至于这个同步网盘该如何选择，其实这一点不必纠结，只要它支持本地数据自动备份到云端的功能，那么选择哪家都可以。

对于这些商业化的网盘，它们都有一个共同的特点：如果不花钱开通会员，哪一个用着都会较难受。

所以说，既然都要开会员，建议选择市场占有率比较高的网盘。

除了备份数据以及对外分享文件的需求外，还有从别人那里拿资源的需求，而现在市面上大部分的资源基本上都是通过百度网盘分享的。

第三节　四步循环，精进写作技艺

讲到这里，信息积木处理流程就已经全部揭秘了，现在回顾一下这套超级实用的信息处理秘籍——采装、封装、拼装、优装，从那些不经意间触动你的信息小火花，到最终变成一篇篇闪耀着智慧光芒的文章。

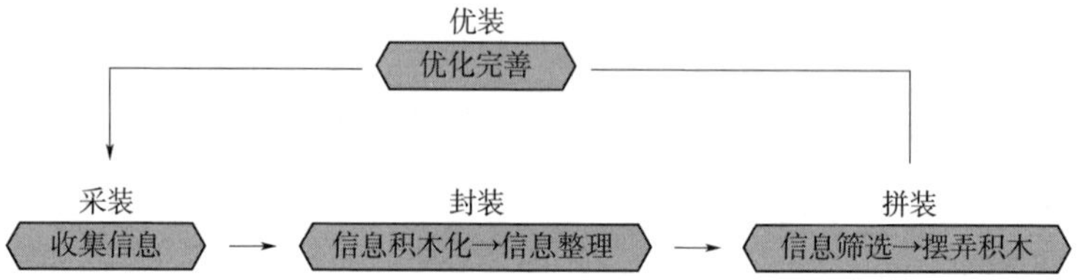

创作算法流程图

经过这四章的学习，这张“创作算法流程图”可以更加详细地描述为以下的过程：

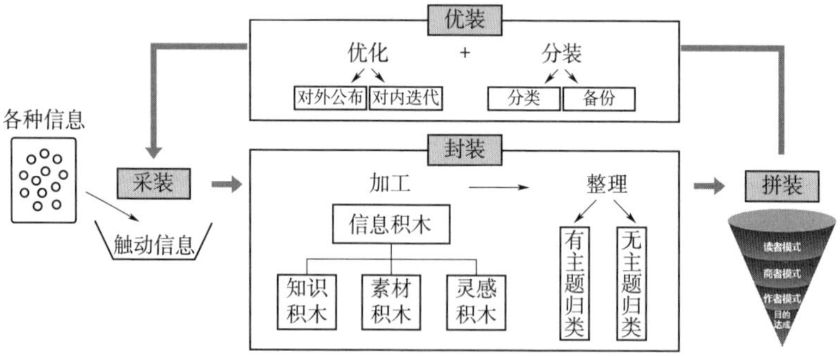

创作算法流程图完整版

一、采装阶段

想象一下，你就像一个猎手，在浩瀚的信息海洋中遨游，随时准备捕捉那些让你眼前一亮、心头一动的宝贵信息。这时候，你得记住三大原则："零碎搜集、主题搜集"，别让任何一个小灵感溜走；"建立渠道、善用技巧"，让信息来源像泉水一样源源不断；"集中保存、定期清理"，保持你的信息库清爽又高效。这样，你就能轻松地把那些散落各处的触动信息一一收入囊中。

二、封装阶段

这时候，你就像一位巧手的工匠，开始对这些原材料进行精雕细琢。通过"知识要提问、素材要改编、灵感要速记"这些加工模型，把原本平淡无奇的信息，提炼成一颗颗精致的信息积木。这些积木，小巧玲珑，却蕴含着巨大的能量，随时准备为你的创作添砖加瓦。整理归纳的时候，别忘了标题、主题、标签这三件套，让它们井然有序地融到你的知识网络中，成为你智慧的宝库。

三、拼装阶段

这时候，你得切换身份，一会儿是贴心的读者，想他们所想；一会儿是精明的商者，洞察市场；一会儿又变回纯粹的作者，挥洒自如。明确了写作目的后，就用"热写冷改"的秘诀，让文章如行云流水般自然流淌。特别是那个"热写"环节，想要速度快？没问题！"模板拼接、逻辑拼接、改编拼接"，三招在手，快速成文不是梦！

四、优装阶段

这一步，可是让你的作品焕发新生的关键。通过"对外发布、对内迭代"，让你的文章在信息海洋中持续发光发热，也让你的信息积木库不断更新升级，保持鲜活的生命力。而分装呢，就是给你的知识宝库搭建一个坚固的框架，再做个备份，确保这些宝贵的财富能够永久保存、随时取用。

第一阶段的学习已经完成，下面会进入第二阶段，学习常见的一些积木模板，比如开头、结尾、段子、金句、模板等。

读书笔记

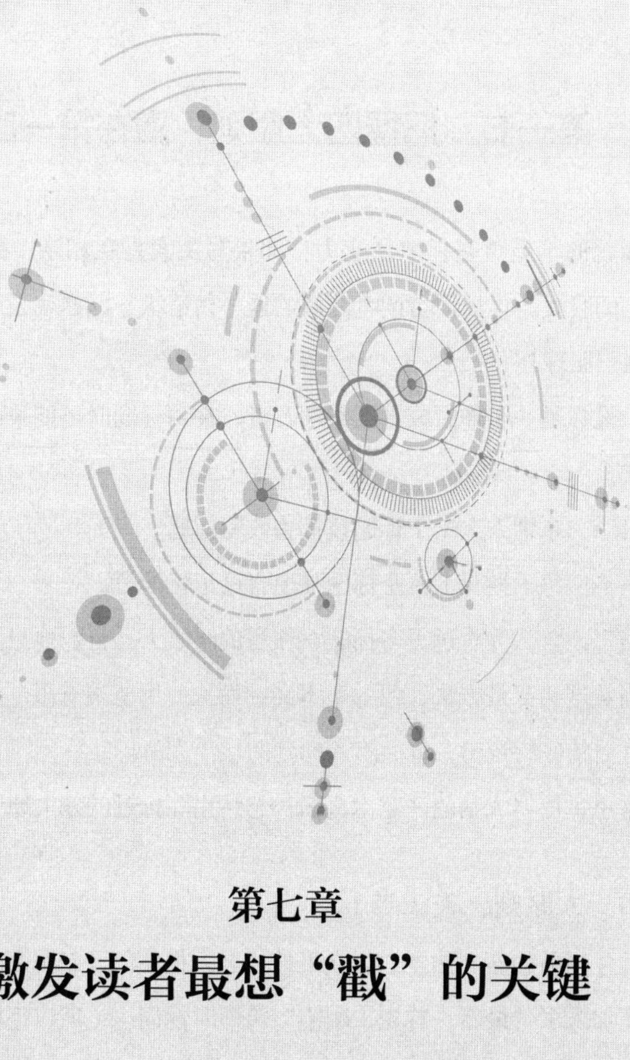

第七章

激发读者最想“戳”的关键

20 世纪 70 年代，著名艺术家安迪·沃霍尔曾说：“未来，每个人都能当上 15 分钟的名人。”随着知乎、今日头条、微信公众号、抖音等新媒体传播方式的出现，让走红成名，从 15 分钟变为只需 1 秒的时间。时代只给了你 1 秒的时间，1 秒内不能吸引读者的眼球，那么你的文章将没有上场的机会。1 秒的生杀大权掌握在谁手里？毫无疑问，就是标题！

第一节　把握四大原则，赢在第一眼

标题的本质就是抓取注意力！如果写文案是在相亲，标题就是一张漂亮的脸孔。抓住你与读者之间的这一秒情缘，标题就必须够燃、够爆、吸引眼球！

假设你是一名作者或者文案学习者，在写标题时可能采取了以下几种方式：

第一，拿别人上千个标题模板去改写标题。

第二，每天抄写上百个标题强迫自己记忆学习。

第三，自认为看过很多标题，在写的时候天马行空地想。

当然这些都是方法，但效率不高，而且使用范围有限。如果不知道标题背后的底层逻辑，就会陷入标题的汪洋大海。

这里，依据大脑的注意力机制，总结出写标题的四大原则：

第一大原则：关注当下

关注当前的新闻热点、大众事件、名人权威以及新鲜事情，这些标题往往加入了“最新、首先、刚刚”等即时性词语，所以很容易自带新闻光环，让人关注。比如：

《非诚勿扰被灭 24 盏灯的小子，现在身家过亿了》——傍名人“灭类小子”

《刚刚，疑似华为真机曝光》——新鲜事情“华为手机”

《年轻人的一部分内耗是周公子造成的，二舅解决不了》——大众热点“周公子、二舅”

第二大原则：自我相关

与自我相关的事情很简单，拥有共同属性（身份、年龄、职业、性别等）、共同语言、共同经历，让读者感觉到：“啊，这说的就是我啊。”这样的标题才能吸睛。比如：

《女人的真心话从不挂在嘴上，只会穿在身上》——共同属性“女人”。

《你和老公，总是钱不够花吧》——共同语言“钱不够花”。

《迎来 30+ 职场危机？听听某副总裁辞职时怎么说》——共同经历“30+ 职场危机”。

第三大原则：激发好奇

“好奇心害死猫”，这句话非常有道理。人都有窥知欲，想知道不知道的事，你揭露某个秘密，告诉一个真相，提出一个看似矛盾的说法，都能激发他们的好奇心，引起他们的注意。比如：

《100 位文案大师的秘诀》——揭露秘密。

《某国化妆品代购的真相》——告知真相。

《不用空调——为你的房间快速降温》——提出矛盾。

第四大原则：趋利避害

这类标题在诉求自身利益时，懂得抓住人性的各个特点，例如，美食、贪婪、懒惰、虚荣、恐惧、成功等，犀利而不失格调。比如：

《教你小孩最爱吃的香酥排骨》——享受吃喝。

《别吃！这些食物对婴儿有毒》——免于恐惧痛苦和危险。

《让你少奋斗十年就过上舒适生活的居家风水学》——追求舒适的生活条件。

《怎样避开旅游的陷阱》——照顾和保护自己所爱的人。

《忘记你的自卑》——获得社会认同。

看到以上的标题，你一定会忍不住继续看下去。如果你想知道更多人性特点，可以阅读《吸金广告》，里面详细论述了人性八大生命原动力和九种次要人类需求，这些都是人类趋利避害的根源。

上述四大原则不是孤立的，任何一个好标题，都采用了一个或者两个甚至是四个原则，符合原则越多，标题越能吸引人。

第二节　十七种经典标题，用好就赚到

一般标题和经典标题之间的差距，往往非常微小、非常微妙，有时就在于一个词的选择和位置。这有点像某些特定化学反应中的化学催化剂：尽管剂量只有一点点，但是它却能带来化学师追求的相对剧烈的反应效果；另一方面，如果没有这点催化剂，你可能用更大量的能源、药物以及材料，却依旧无法获得你想要的结果。

接下来，为你带来十七种经典标题，每一种标题都是经过实践验证的，用好了你也能写出“杀手级”的经典标题。

第一种：数字型

标题中出现阿拉伯数字。利用人们对数字的敏感和数字本身量化的特征，形成视觉和心理上的冲击力。数据让人信服，越具体越能让人相信。比如：《这 9 个细节告诉你，身边的人谁最靠谱》《私房 3 招：如何在视频号卖出你的前 100 件商品》《比 ×× 还猛的中国手机，是如何做到非洲第一、世界第四的》。

第二种：悬念疑问型

在标题里设置悬念，提出疑问。悬念疑问式的标题，能激发读者的好奇心，给读者一定的想象空间，进而吸引读者点开文章。最常用的形

式是采用问句、多用“你”字。比如:《你还在为宝宝的湿疹犯愁吗》《你是否在写文案时，不知如何下笔》《从平庸到优秀，最致命的差距是什么》。

第三种：对比反转型

把具有明显差异和对立的双方同时摆在一个标题里，形成对比、冲击力和大转折，从而给读者意想不到的感受。比如:《30 块钱治好了折磨我 10 年的脚气》《自己摸索学会写文案需 5 年，现在只需 2 天》《那个经常旷课的同学，去年挣了 1000 万》。

第四种：借势热点型

热点天然具有关注度，能吸引读者注意力。热点事件、热点人物、热点话题等有关的故事题材，最具有吸引力。比如:《××× 年轻 20 岁的秘密》《××× 下台，这家外贸店火了》《电视台都报道了，你还不知道》。

第五种：金句改编型

金句能增加文章的感染力和吸引力。比如名人名言、警句俗语、影视经典台词等，广为人知、权威精练，充满民间智慧，富有哲理和启发性，给人印象深刻，容易引起读者的情感共鸣。比如:《你的内心是怎样的，你看到的世界就是怎样的》《所有你乐于花费的时间都不能算作浪费》《不是你不合群，是群不合你》。

第六种：恐惧型

这类标题跟震惊型标题有点类似，都利用夸张手法，但一个是吸引人眼球，一个是给人惊吓。比如:《这种熬夜，少活 × 年！》《环境在固化，你在哪一层》《暑假是拉开差距的时候，然而 99% 的家长都不知道如何安排》。

第七种：好处利益型

把产品能给读者带来的好处、得到的利益，直接说出来。比如：《我花 7000 块钱买来的八段话》《模仿这封信让你赚到 6 位数》《我有 10 个职场经验，价值百万，今天免费》。

第八种：好奇型

好奇型标题与悬疑型类似，告诉一个结果，却不说过程，它就像一个钩子，让人忍不住点击。比如：《大厨不会告诉你，做菜特别好吃的秘密就是……》《富有者不告诉你的投资秘密》《他自导自演一场戏，被当成成功者，18 年后真相大白》。

第九种：故事型标题

喜欢故事是人的天性，熟悉、温暖、新奇的故事总能勾起我们往下读的欲望。比如：《离婚 35 年，× × 岁的她却成了好莱坞女王》《历时 1 年，跨越 2500 公里，这 11 个人向世界证明了什么才是信仰的力量》《当我坐在钢琴前时他们笑了，但当我开始演奏时……》。

第十种：建议推荐型

建议读者不要做什么，或者推荐做什么。比如：《这 3 种东西千万不要吃》《企业微信公众号运营初期，哪些事必须想清楚》《在你未阅读本文之前，千万不要加盟做代理》。

第十一种：震惊痛心型

提供读者不能从别处得知的独家信息。比如：《震惊！原来“标题党”是这样取标题的》《痛心！小伙 55 万买房款被人刷光，竟然是因为一顿烤肉》《无语：女子在手指上戴 3 枚戒指摘不掉，求助消防员》。

第十二种：理由型

提出造成某个现象的几个原因。读者想知道为什么，是什么原因，请给我理由。比如：《脱发的 3 个主要原因》《为什么我们的包比 ×× 品牌的包贵》《你必须学会写销售信的 13 个理由》。

第十三种：引导顾客型

让顾客参与进来型标题要和目标读者说话，希望他们做什么。比如：《你戴上这样的草帽，会让你显得很独特》《夏天到了，睡觉热快盖上这种凉爽的被子吧》《不知道怎么写文案，那就看我这条视频》。

第十四种：问答型

自问自答，让读者在你的文中找答案。

《为什么怨气重？自己错位》《怎么才能减肥成功？秘诀只有一个》《孩子你为什么要读书？这个老师的演讲值得每个人深思》。

第十五种：经验分享型

分享自己做某件事情成功的经验。比如：《我是如何从很自卑改变的》《我是怎么做到每天只工作 3 个小时的》《我是如何在 28 岁做到财富自由的》。

第十六种：现象看法型

对社会或者身边现象的一些看法、观点。比如：《你朋友牛关你什么事》《单身是最好的增值期》《看不上的，就别嫁了》。

第十七种：煽情型

引起读者的某一类情绪，从而点击观看你的正文。比如：《愿你，遇到一个无须取悦的人共度一生》《独生女不敢远嫁，因为父母只有我》

《父母尚在“苟且”，你却要“诗和远方”》。

这十七种经典标题只是一个指导，不能用来替代原始思考，但是可以让你的思维在一条已证明的成功大道上工作。

第三节　三十条爆款标题句式，轻松套用

为什么别人写的标题特别“撩人”，轻轻松松就能拿到 10 万 + 阅读量，而你绞尽脑汁，也想不出一个拿得出手的标题呢？

掌握以下三十条爆款标题句式，直接套用，瞬间成为标题高手。

句式 1：为什么……？ + 数字悬念

这个句式很常用，首先使用“为什么”关键词提出一个疑问，勾起读者的好奇心，然后再使用数字的方式设置一个悬念，强化读者的好奇心。

举例：《为什么孩子越大越不愿意和你交流？ 99%的家长都不知道》。

句式 2：为什么……？ + 关联权威

这个句式和上面的区别在于后半部分，这里是关联权威，借助权威的因素让读者产生兴趣和信任，吸引他们点击我们的标题；

举例：《为什么孩子一到冬天就容易咳嗽？听 10 年资深宝妈怎么说》。

句式 3：如何用 +×× 秒 / 分 / 时 / 天 + 理想状态

每个人都想变成一个理想状态，比如没有压力、家庭幸福、父母健康、事业成功等，每个人的理想状态可能不太一样。所以这个句式描述的是，短时间内变成一个理想状态的结果，本身理想状态就已经吸引人

了，现在只需要很短时间就可以达成，所以会更加诱人！

举例：《如何用 10 秒钟，把堵塞的鼻子变通畅？用它喷一喷，舒服一整天！》。

句式 4：……那么多……，凭什么……

这是一个带有情绪的提问句，凭什么也是在替读者问出心中的疑惑，这个疑惑一般是一种不正常的现象，比如突然爆红、突然销量大增、突然获得巨大成功。这种时候，这个提问句式就非常管用。

举例：《平台上有那么多的育儿课，凭什么李老师的课卖得最爆》。

句式 5：取得惊人成绩 +……凭什么

句式的前半部分“取得的成绩”包含很多层意思，比如从月入 2000 元到月入 20000 元，从丑小鸭变成白天鹅，从小职员变成高管等。这些都属于取得成绩的范畴，当一个人取得一个惊人的成绩时，读标题的人就会去思考，背后成功的原因是什么，这时候再用凭什么把读者心中的疑问问出来，就能勾引他的好奇心！

举例：《16 岁辍学，29 岁身家千万，这个“90 后”凭什么》。

句式 6：1 次 =N 个，什么样的……帮你（省，获得）……

前面的等于号，是一个效果对等的作用，意思就是说，使用一次产品，就相当于过去使用很多产品达到的效果，这样可以快速让读者感知到产品的功能好处，这个句式比较适合功效型产品写标题。

举例：《用 1 次 =200 张面膜，什么样的治愈瓶可以帮你省掉 1 年面膜》。

句式 7：你没用过？ + 超值好处

这个句式的亮点就在于，先用反问达到吸引读者注意力的效果，读者会觉得：没用过什么？没用过怎么了？这样他就会被吸引。

举例:《你没戴过？在北京它已经很火了，出汗不滑，狂甩不掉》。

句式 8：为什么……，却还是……？

这个句式之所以能吸引读者的点击欲望，是因为它是反认知的，意思就是它所表达的，和读者脑海中以往正常的认知是背道而驰的。

举例:《为什么马斯洛需求烂熟于心，却还是写不好文案》。

句式 9：一个……+ 是如何……

这个句式最大的亮点在于它可以放大产品的好处，前半部分把产品描述得很普通，但是后半部分却着重把产品的好处放大，读者读起来能感觉到一种反差，被刺激去点击标题。

举例:《一个短短的 3 小时课程，是如何教你做不焦虑的爸爸妈妈》。

句式 10：……难道就……为什么……

这个句式的亮点在于，纠正读者生活中的惯性思维，出现问题后，读者想当然地就想到一种解决办法，这是惯性思维，其实有时候，这种惯性思维是错误的，不明白的话看下面的例子你就明白了！

举例:《孩子一哭，难道就只能妥协吗？为什么不试下这个方法》。

句式 11：人群 + 必须 / 一定 / 千万……+ 数字……

前面是一个人群细分标签，目的是让目标读者看后能产生代入感，感觉是在说自己，中间是一些强调关键词，比如一定 / 必须 / 千万……，目的是让读者产生好奇，同时也是强调这件事情的重要性，让读者不要马虎，最后是数字部分。

举例:《初入办公室，你必须要知道这 10 种职场禁忌》《家长注意了！这 4 种危害孩子健康的玩具千万不要买》。

句式 12：数字 + 技巧 / 秘诀 / 绝招 / 公式 / 指南……+（超值好处）

这个句式第二部分是一些眼球词，比如技巧、绝招、指南……目的很简单，就是激起读者的好奇心，第三部分是超值好处，你要明白，没人关心你的产品是什么，他们主要关心你的产品能带来什么好处，所以，要想吸引人，就写好处，写读者关心的利益，同样举例说明。

举例：《6 招让你轻松写出吸睛标题的指南》《4 步文案公式，傻瓜套用，1 分钟你也能写一个有价值文案》。

这个句式还可以有一个变体，叫数字 + 技巧 / 秘诀 / 指南 / 绝招……（+ 尤其……）。

这个句式在短视频的标题中非常常见，目的很简单，吸引用户把视频一直看完，变体在于最后的强调，目的很简单，进一步加重读者的好奇心，让他们点击标题。

举例：《10 种爆款短视频拍摄技巧，尤其第 5 个，高手们都在用》《5 种高情商沟通技巧，尤其第 3 个，让你在哪里都受欢迎》。

句式 13：数字 + 如果你……+ 那么……

这个句式如果的后面跟的是一个条件，只要符合前面的“如果”了，一定会导致那么后面的结果，从而让读者重视起来。

举例：《试用期 3 个死穴，如果你犯一个，老板肯定炒你鱿鱼》《高效工作 3 个绝招，如果你不知道，就免不了加班！》。

句式 14：数字 1+ 数字 2+……超值好处

这是一个数字叠加句式，前半部分是数字叠加，目的是加强标题对读者的视觉冲击力，后半部分是超值好处，因为前面数字讲的都是产品的属性，不是对读者的好处，比如 1 个技巧，那跟读者没啥关系，真正能勾引读者的是后面的好处，一般推文的标题里面会经常用到。

举例:《1 个技巧,4 个句式,你写的标题,别人不点击会手痒》《2 种食材，3 个步骤，只需 10 分钟,你也能做宝宝爱吃的美味辅食》。

句式 15：痛点问题 + 怎么办？ + 数字 + 超值好处

前面先思考一个读者的痛点场景，然后使用提问的方式说出来，先把注意力勾住再说，中间的数字，其实就是针对前面的痛点，给出一个具体的解决办法，因为有痛点，读者就会本能想要找到解决方案，最后是超值好处，目的很简单，还是强化读者好奇心。

举例:《想半天写的标题没人点怎么办？这 10 个句式直接套，10 个人看了 9 个都会点！》

《在单位人缘不好怎么办？送你 5 个锦囊妙计，保证大家都喜欢你！》

句式 16：数字 + 如何从 + 变成 / 逆袭……

这个句式一般写成功举例的标题，使用的场景有很多，比如海报的大标题，或者短视频标题等，上来先用数字描述一个时间，钩住眼球，后面是提问，提问什么呢，提问一个巨大的反差，因为有反差，就有好奇，这就是人性。

举例:《3 个月，我是如何逆袭成功的》《短短 3 个月，他如何从重度“懒病”，变成现在每天坚持早起的》。

句式 17：人群标签 + 最不希望 / 做梦不想……+ 数字 +……

第一部分是人群标签，也是让读者产生代入感，瞬间联想到自己身上，中间是眼球词，最不希望，做梦不想……当然还有很多，目的就一个，勾起好奇心，数字结尾，强化好奇。

举例：《装修公司最不希望你问他的 2 个问题》《竞争对手做梦不想你知道的 10 个卖货绝招》。

句式 18：……区别在哪里

通过对比两个不对等的事物，从而制造反差，这个时候读者就会有好奇，想要寻找答案，就会点击标题。

举例：《同样是写文案，你和大牛们差在哪里》《月薪 3000 和月薪 30000 文案的区别在哪里》。

句式 19：为什么他 / 别人 / 她……，而你……

这个句式很简单，就是拿别人和自己对比。这个时候别人好奇心就会被点燃。

举例：《为什么别人吃那么多还那么瘦，而你喝水都长肉》。《为什么他 1 年升文案总监，而你 3 年了还是小白》。

句式 20：……只……，却 / 竟然……

前面描述一个简单的行为，后面描述一种惊人的结果。

举例：《她只学习课程 12 天，却赚回了学费》《她只敷了 3 天，竟然脸上的“痘印”明显变淡了》。

句式 21：……，但是……

这是一个转折句式，前面转折后面形成巨大反差。

举例：《她跟我学习 3 天，收款 15000 元，但是被我训了一顿……》《她从胖子，30 天瘦成了 98 斤的“万人迷”，但是她说后悔了……》。

句式 22：符合 / 做过 / 知道 / 用过……这（这些……），……就……

告诉你一个诱人结果，但就是不告诉怎么实现的，你急不急？

举例：《符合这些特点，你的情商就打败了99%的身边朋友》。

句式23：……秘密在这儿……

跟你透露一个你非常想要知道的秘密，记住人天生会对秘密感兴趣，产生好奇，加上后面用省略号了，留白了，想要知道这个秘密是什么，那么你只能进入正文找答案。

举例：《防晒做不好，变黑又变老，夏天不晒黑的秘密在这儿……》。

句式24：那些……，……都……

这个句式是用大众化的结果，去激发你的好奇心。

举例：《那些高销量的卖货文案，第一句都写了什么》。

句式25：这个……+鲜为人知/只做不说/揭露……的方法/秘诀/绝招……+超值好处

这个方法是什么？不知道，再加上后面的超值好处，这个时候你的好奇心就被点燃了。

举例：《这个世界著名演说家只做不说的方法，2分钟帮你克服恐惧》。

句式26：……再也不用/会/怕……，这个……+超预期好处

这个句式主要是激发读者避免痛苦的心理，并通过好处引发好奇心。

举例：《大笑再也不怕有眼角纹了！用这个爆款神器，轻轻一贴，眼袋细纹也没有了》。

句式27：反义词

就是找到两个互相对比的词，产生一个强烈的对比。有对比，就有突出，就容易记得住。无论历史人物还是企业家，都特别喜欢用反义词。

举例：《人生近看是悲剧，远看是喜剧》《看似无意义的事，竟是有意义的》《普通好过超凡魅力》。

句式 28：群体句式

每个人都有对应的群体，而每个群体都有各自的特点。如果总结出一两个鲜明的特色，读者是喜闻乐见的。

举例：《帅的人已经醒来，丑的人还在沉睡》《普通人只洗澡，有心人常洗脑》《女人看长相，男人看才干》。

句式 29：选择句式

选择句式，最大的好处就是让读者没得选，让他们不得不做出选择。在两个你设置的条件中，找到最合理的选项。

举例：《要么留下你的钱，要么留下你的暗疮》。

句式 30：如何……如果 / 然后

如何属于指导型标题，如何更快、更简单、更轻松、更容易、更方便……获得他们想要的好处。

举例：《如何写出爆款标题》《如何在 6 个月内赚到 50 万》《如何拥有“一直美丽”的指甲，让朋友都羡慕，且不用去美甲店》。

当然还有更多句式，需要你自己去总结、提炼，收集的句式越多，标题库越丰富，以后写标题就会越简单。

爆款标题摘录

第八章

开头：射出的“第一颗子弹”

“一个软弱无力的开场只能打消读者继续阅读下去的兴趣，一个扣人心弦的开场则让读者产生继续阅读的动力。”

——《从创意到畅销书——修改与自我编辑》

作者：詹姆斯·斯科特·贝尔

第一节　开头的作用，远不止“吸引”

在浩如烟海的文章中，如何让作品脱颖而出，吸引读者的眼球？答案往往藏在细节之中，而文章的开头，正是那个至关重要的细节。

想象一下，当翻开一本新书或点击一篇新文章时，首先映入眼帘的是什么？是开头。正如心理学中的“首因效应”所言，个体在社会认知过程中，最先输入的信息往往对后续的认知产生深远影响。

文章的开头，就是读者对这篇文章的“第一印象”。一个精彩的开头能瞬间吸引读者的注意力，让他们对文章产生浓厚的兴趣。反之，如果开头平淡无奇或令人乏味，读者很可能就会失去继续阅读的动力。

除了给读者留下比较好的第一印象，开头还承担着以下四个作用：

第一，点明主题：直接交代文章的中心思想，让读者一目了然。

第二，引出下文：即使不直接点题，也要通过巧妙的伏笔或过渡句引出后续内容。

第三，设置悬念：激发读者的好奇心，让他们像追剧一样迫不及待地想要知道后续发展。

第四，引发共鸣：通过描绘场景或讲述故事，引发读者的情感共鸣，拉近与读者的距离。

当然，写出精彩的开头并非易事。许多写作者在面对空白的页面时，都会感到无从下手。他们反复琢磨、写写删删，却始终无法找到一个满意的开头。这种情况下，可以采取以下办法：

先写正文：有时候，过于纠结于开头，反而容易陷入僵局。不妨先跳过开头，直接从自己最有感觉的部分开始写。完成正文后，再根据内容回头设计开头，这样往往能更加得心应手。

借鉴他人：阅读优秀的文章，学习它们的开头方式。借鉴不等于抄袭，而是从中汲取灵感，结合自己的写作风格和主题进行创新。

反复修改：好的开头不是一蹴而就的，需要经过反复推敲和修改。不要害怕修改，每一次的修改都是对文章的精益求精。

文章的开头虽短，但其作用却不可忽视。一个精彩的开头不仅能吸引读者，还能为整篇文章定下基调，引导读者深入阅读。因此，在写作过程中，应给予开头足够的重视和关注，让它成为文章成功的第一步。

第二节　这四种开头千万别写，看了就想关掉

假设标题已经让读者站在门口了，那么接下来开头所承担的角色就是让读者坐下来，并开始他人生中最精彩的一段旅程。

几句话可以决定人们是继续阅读，还是离开你的文章。你应该使人们读过开头之后有那种被黏着、无法割舍，只能继续阅读下去的冲动。对任何一个作者来说，这都是一项艰巨的任务，然而，有些开头会让读者望而却步，选择关闭页面。以下是四种开头类型，千万不要使用。

一、浓浓的广告气息

在开头大段展示产品或服务的广告式宣传，过于商业化而缺乏实质内容，容易让读者觉得被推销，失去阅读动力。

例如，《惊爆！掌握这一技巧，让你的写作水平突飞猛进》，标题虽然吸引人，但内容若处理不当，易沦为纯粹的广告推销。特别是当文章开头大段展示某个写作培训课程的广告式宣传，如“只需加入我们的

高级写作班，跟随资深导师，30天让你从写作小白变大神”。

这种过于商业化的表述，缺乏实质性的写作技巧介绍，容易让读者产生被强行推销的感觉。读者原本期待的是提升写作能力的干货内容，结果却发现自己被引导至一个付费课程的广告页面，这种落差会极大地降低他们的阅读动力，甚至让他们对整篇文章产生反感，最终选择离开。

二、冗长的背景介绍

在开头过多地陈述背景信息或个人经历，没有直接切入主题，会让读者觉得乏味和冗长，失去耐心。

例如：《健康饮食的秘密，从童年餐桌说起……》，标题虽然试图通过个人经历吸引读者，但开头过多地描述个人童年的饮食习惯和背景，如“记得小时候，每到饭点，家里的餐桌上总是摆满了各式各样的菜肴，从清晨的一碗热腾腾的小米粥，到夜晚妈妈精心准备的四菜一汤……”

这样的开头虽然充满情感色彩，但并未直接切入健康饮食的主题，反而让读者感到与文章核心内容关联度不高，显得拖沓无味。读者原本期待的是关于健康饮食的实用建议或科学知识，结果却陷入了一段个人回忆之中，这种偏差很容易让他们失去耐心，最终选择放弃阅读。

三、抽象的学术引言

使用过多学术性的引言或引用，如果读者无法理解或感受到与自己生活相关的内容，会让他们产生距离感，不愿意继续阅读。

例如：《探索量子纠缠的奥秘：一项颠覆传统物理学的发现》，标题虽然高端大气，但文章开头直接使用了一段高度抽象的学术引言，如“根据量子力学中的非局域性原理，量子纠缠态的存在挑战了经典物理学的因果律和局域性观念……”

这样的表述对非专业读者来说，无异于天书一般，难以理解其背后的科学含义。读者原本期待的是一篇通俗易懂的科普文章，能够用简单明了的语言解释量子纠缠这一神秘现象，结果却发现自己面对的是一段晦涩难懂的学术语言，这种距离感会让他们觉得自己与文章内容格格不入，无法产生共鸣，最终选择放弃阅读。

四、失实的夸张说明

使用夸张、吸引眼球的标题，但开头内容与标题不符，让读者感到被误导或欺骗。

例如，《全网无人能解释，看懂的全中国不超过 2 个》，这个标题通过“全中国”这一宏大的范围与“不超过 2 个”的极端缩小范围形成强烈对比，营造出一种神秘和稀缺的氛围，试图吸引读者的好奇心。然而，当读者点击进入文章后，却发现开头内容平淡无奇，并没有解释为什么不超过 2 个人，更没有提供任何有价值的信息或独特的见解。

这样的开头方式，让读者感觉被标题所欺骗，原本期待的是一篇充满惊喜和独特视角的文章，结果却发现自己浪费了时间。读者会感到愤怒和失望，认为作者是在故弄玄虚，缺乏诚信。这种负面的情绪体验会让读者对作者和文章失去信任，甚至可能产生抵触心理，不再愿意阅读该作者的其他作品。

以上这些开头方式都不会引起读者的兴趣和共鸣，因此在写作时需要避免使用。

第三节　解决开头写作困难的十种对策

开头不仅仅是第一段，而是开头的一整个部分。开头第一部分可以是一句话，很炸裂，也可以是有吸引力的一段话。文章一起手，就要撒下一粒种子，种在他心头，让他念念不忘，心里痒痒，让他不看看这篇文章，就睡不着。一起手，就不能放下。

起手式，有很多种：可以是一个悬念，或者发起一个提问，或者讲一个故事，又或者纠正用户一个错误观点……当你不知道怎么写出精彩开头时，可以采取以下十种策略：

一、预告

告诉他们将要发现的内容（通常在此过程中引起好奇心）。

这种开场可以通过直接给出结论来激发读者的兴奋和期待。它通常告诉读者内容的主题，同时引起好奇心。

例如：“切掉碳水化合物是开始融化脂肪的绝佳方法。但问题在于，大多数人都弄错了。因此，在接下来的几页中，你将发现三个切碳水化合物的秘密，这将使你的体重秤朝着正确的方向前进。”

二、故事

讲述一个相关的故事或轶事。

人类对故事有着天然的热爱。这就是为什么那么多人在闲暇时间阅读小说。一个好故事不仅能够激发读者的想象力，还往往能激发他们的情感。故事的来源一般有以下几种：

（1）用周围人的故事：我有一个朋友，他……

（2）用名人的故事：比如马斯克、巴菲特的名人故事。

（3）用热点来讲故事：不写热点常识，写热点背后的故事，比如热映电影的幕后故事。

（4）用你自己的故事：不寻常的、真实的。

（5）用粉丝、读者的故事：让读者产生参与感。

用故事开头，还有两个小技巧：一是颠倒先后顺序的故事开头：先给出故事的结果，再去讲述故事本身；二是用故事中的人物对话开头：用对白开头，营造出两个人对话的情境。例如：“你是怎么找到我的？”“查令街 84 号。”可以利用这两点通过讲述一个故事来吸引读者。

三、愕然

使用出乎意料的统计数据、事实、反常识观点或其他有力的陈述来引起惊愕。

在这里，可以陈述一个出人意料的统计数据或其他事实，讲一个反常识观点，或是做出其他令读者惊讶的陈述。目的是说出一些令人惊讶和大胆的话，以至于读者不得不继续阅读以了解更多关于开场陈述的内容。

例 1： 2018 年，中国外贸出口 2.5 万亿美元，请大家记住这个数字。

2023 年，在美国持续加息的前提下，中国外贸出口 3.4 万亿美元！

2024 年上半年中国外贸出口再次增长 6.9%。

看了这个数据，请问中美贸易战谁赢了，谁输了？（使用出乎意料的统计数据）

例 2： 许多人觉得只有文学功底深厚才能写出一部好小说。可事实是：“哪怕你高中时语文作文从没拿过高分，你也可以打造一门受欢迎且赚钱的在线小说课程！”（反常识的观点）

四、问题

通过引人入胜、相关的问题吸引读者的注意。常见的问法是疑问、设问、反问。

例 1： 你有没有这样的经历？努力了很多次，但是都没有遇见过成功……（疑问）

例 2： 失恋是一种什么感觉？

失恋的感觉就是，你和一个人约好了去游泳，结果你把衣服脱了，跳进水里，别人却把你的衣服拿走了。（设问）

例3：“难道只有名牌大学毕业才能找到好工作吗？其实，不少自学成才的人才也在职场中大放异彩，赢得了属于自己的机会！”（反问）

五、修辞

使用排比、比喻或类比来吸引读者的注意。

例1：我相信，你一定经历过被人背叛；我相信，你一定经历过那种被人背叛后，他还理直气壮的情形；我相信，你一定因此失去过重要的朋友……（排比）

例2：“一部好电影就像一次难忘的旅行。它带领你进入一个全新的世界，让你流连忘返。”（类比）

六、名言

这里的名言，指的是广义上的，包括名人名言、诗句、金句等。

例1：“我愿证明，凡是行为善良与高尚的人，定能因之而担当患难。”——贝多芬。正如贝多芬所言，行为善良与高尚的人，总能在逆境中展现出非凡的勇气与担当。在我们的生活中，也不乏这样的例子……

例2：“明月几时有？把酒问青天。不知天上宫阙，今夕是何年。”这首脍炙人口的《水调歌头》，总能勾起人们对中秋佳节的无尽遐想。每当中秋之夜，皓月当空，人们不禁会抬头仰望，思索那轮明月背后的故事。而在这个团圆的日子里，不仅是家人之间的相聚，更是心灵与情感的交汇……

例3：“勇气，是那团在黑暗中点亮自己的火，照亮前行的路，无论前方是荆棘还是坦途。”

七、对话

用一段有代入感的对话做开头，把读者带入场景。

例如：“我已经老了。有一天，在一处公共场所的大厅里，有一个男人向我走来，他主动介绍自己，他对我说：‘我认识你，我永远记得你。那时候你还很年轻，人人都说你美，现在，我是特意来告诉你，对我来说，我觉得现在你比年轻的时候更美，那时你是年轻的女人，与你那时的面貌相比，我更爱你现在备受摧残的面容。’”——《情人》玛格丽特·杜拉斯

八、场景

用场景引入做开头，就是一种描写的方式，需要四个要素，叙述、描写、背景和引用，这样的四个要素单独出现或者交错成篇，会让文章层次分明，显得很立体。

例 1：孩子早上一起床就想看电视，妈妈不让看，孩子很生气。

面对生气的孩子，妈妈故作平静地问：“你觉得妈妈制止你看电视是错的？”孩子不搭理，还是不依不饶，如果是你，你会怎么办？

与闹别扭的孩子沟通不能讲道理，讲道理不但没有作用，还拉开了亲子距离，怎样才是正确的步骤呢？

例 2：上周四晚 7 点，朝阳大悦城，最热闹的时候。

八音盒音乐起，一对新人突然走到中庭正中央开始跳舞。

人们被吸引聚集，机器女孩一下子脱掉拖地白裙。

膝盖以下，是一双钢铁假腿。

九、测试

用一个测试开头，简单的测试，让人期待你后面的答案和分析。

例 1：假如你现在必须买房，你是：

A. 优先选择地段

B. 依据经济实力来买

例 2：做个心理测试，看看你是哪种人？

你更喜欢吃哪种水果？

A. 草莓 2 分　　B. 苹果 3 分　　C. 西瓜 5 分　　D. 菠萝 10 分

E. 橘子 15 分

例 3：你平时休闲经常去的地方？

A. 郊外 2 分　　B. 电影院 3 分　　C. 公园 5 分　　D. 商场 10 分

E. 练歌房 20 分

十、图表

用一组视觉化的图片、漫画或者表格开头。常见的有：

（1）一幅有冲击力的图片；

（2）四格漫画或单幅漫画；

（3）思维导图；

（4）手绘风格的对话或提示；

（5）有冲击力的图表。

这些开头策略可以快速写出引人入胜的开头，吸引读者继续阅读。根据主题和写作目的，选择适合的开头模板，并结合个人经验、观点和想法，创作出独特而引人入胜的开头段落。

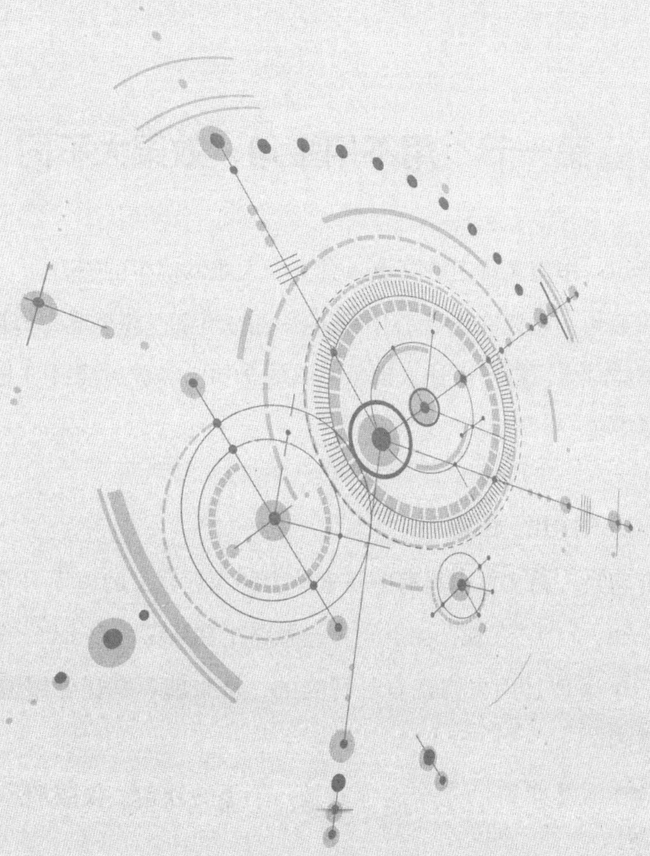

第九章

金句：引起共鸣的秘密武器

当一篇洋洋洒洒千字长文落成，读者能否耐心品读至尾？即便读罢，又能有多少内容铭刻心间？唯有那些熠熠生辉的金句，才能在读者心中扎根，留下难以磨灭的印记。

第一节　用不用金句，效果大不同

金句，作为文章中的亮点，具有令人难以抗拒的魅力。一句简短而精准的金句，可以在读者心中留下深刻的印象，甚至成为传播的焦点。在新媒体时代，创作出让人产生共鸣的金句已经成为撰写引人注目文章的重要手段。

一、金句的定义

金句是一篇文章中具有醒目表达力和深远意义的精华句子。

比如：（1）“三观”比五官正，思路比套路深。

（2）道理是用来修正自己行为的，从来就不是让你用道理去和别人显摆的。

（3）人生最好的三个老师就是，干瘪的钱包、失败的经历和离开的人。

这些句子都是金句，它们点缀在文章中，犹如一堆黄豆中的几颗珍珠闪耀着光芒。好的金句就是一句话说出别人想说又表达不好的观点。

二、为何人人爱看金句

从丹尼尔·卡尼曼的著作《思考快与慢》中，我们得到了一些启示。根据基本设定：人的大脑由直觉大脑和思考大脑组成，分别负责处理简单和复杂的信息。一般情况下，思考大脑处于不活跃状态，只有在直觉大脑无法处理信息时才会被启动。

那么，金句与大脑的关系是什么呢？

大脑偏向于使用直觉系统：由于动脑需要耗费能量，人们的大脑倾向于使用直觉系统来处理问题，而较少动用思考大脑。

金句在认知放松状态下产生影响：金句具备一种独特的力量，能够在人们的认知放松状态下直接作用于直觉系统，无须启动思考大脑即可得到认可。

通过金句，可以利用直觉系统快速理解和接受信息，而无须进行复杂的思考。金句以简洁、精准和生动的表达方式，直接刺激大脑中的直觉系统，引发共鸣和理解。这种直觉式的接受方式使得金句在传递观点、启发思考和传播信息方面具有独特的优势。

因此，金句的存在为人们提供了一种便捷的方式，以简明扼要但有力的表达方式直接影响读者的直觉系统，促使人们快速接受和理解信息，而无须启动思考大脑。这种影响方式使得金句成为一种有效的认知工具，能够加深对信息的理解和记忆，并促进信息的传递与交流。

二、金句的威力

金句能够增强文章的吸引力，提升阅读体验，并在读者之间引发分享与传播，甚至成为经典。

比如知乎上面的一个回答：

提问：爱一个人是什么感觉?

回答：好像突然有了软肋，也突然有了铠甲。

金句用在文章的不同地方，都有很好的效果。

比如：（1）用在标题上，打开率会提高，比如《家，是我们一辈子的馋》。

（2）用在小标题、章节的高度概括上，快速记住你的观点，比如《哪有为母则刚，只不过是被爱锻造的侠骨柔肠》。

（3）用在开头，文章能引人入胜，吸引人往下看，比如：“时间，如同流水，它不停地奔流，无法逆转，却可以在我们的文字中凝固成永恒。”

（4）用在正文中间，会捕捉读者的注意力，催化人的情感；比如："殊不知，在漫长的人生过程中，爱褪色最快。真正能支撑一段姻缘长久和睦，一个家庭幸福安康的，从来也永远是责任心。"

（5）用在结尾处，让读者反复感悟和体会，引发点赞和转发，比如："有人说，生活就像剥洋葱，你越往里层看，就越泪流满面。或许，这是生活的本质。但是，当泪珠被风吹干后，别忘了，向前看。"

所以要有金句意识，提高对金句的感觉，如果觉得文章有点闷，请写金句。

第二节　创作金句的两种方法

在写作过程中，创作金句是让文章更具吸引力和影响力的重要环节。本章将介绍两种创作金句的方法，一种是搜集他人的金句进行引用，另一种是自己动手写金句，其中后者需要更多的方法和时间推敲，更具挑战性和创造性。

第一种方法：搜集金句

搜集金句是创作金句的一种简单而有效的方法，可以从各种来源中寻找优秀的金句，并适时引用到自己的文章中，以增加文章的表现力和感染力。

网页：在网上有许多网站专门收集优美的金句，如"句子迷"等。这些网站上汇聚了各类主题的金句，可以根据自己的文章内容进行挑选。

App：许多 App 也提供金句收藏功能，如"ONE 一个""轻芒"等。这些 App 会定期推送一些优美的句子，同时也允许用户自己保存收藏。

社交媒体：在豆瓣、微博、知乎、网易云音乐评论等社交媒体平台上，有很多用户会分享一些有趣、感人或深刻的金句。我们可以从中寻找适合自己文章的金句进行借鉴。

书籍：经典的书籍中通常蕴含着很多优美的金句，可以通过阅读书籍来发现和收集这些金句。

电影：一些电影中也包含了一些经典的台词和金句，可以从中寻找适合自己文章的金句。

第二种方法：改编金句

“从零到一写金句”是非常难的，金句之所以成为金句，在于结构或意义上的精巧。我要教给你的方法，是站在巨人的肩膀上写金句，那就是巧妙地改编大众熟知的金句。主要分为四步：

（1）搜索金句。可以通过大量阅读、收听或观看优秀的作品，包括文学、音乐、电影等，去搜索一些有趣、感人或深刻的金句。

（2）抽取结构。在搜索到优秀的金句后，可以尝试抽取它们的结构和表达方式。看看这些金句是如何构造的，包括使用的修辞手法、句型结构等。

（3）场景造句。在了解金句的结构后，可以尝试根据自己文章的主题和场景进行创作。通过巧妙地修改和调整，让这些金句更贴合文章内容，达到更好的表现效果。

（4）朗读修改。在创作金句的过程中，朗读是一个非常重要的环节。朗读可以帮助我们更好地感受语言的韵律和节奏，发现可能存在的不足之处。通过朗读修改，我们可以让金句更具流畅性和表现力，使其更适合用在文章中。

自己动手写金句需要更多的耐心和细心，这也是提高写作水平和创造力的过程。通过不断练习和尝试，就可以逐渐掌握这种创作方法，创造出更加引人入胜的金句，增强文章的吸引力和感染力。

这里举一个例子，就能体会这个方法了。

第一步：搜索金句。找到原型句式，比如我们找出一句金句：你人生的起点并不是那么重要，重要的是你最后抵达了哪里。

第二步：抽取结构。拆出金句句式，此句的结构为：你……的……并不是那么重要，重要的是你……

第三步：场景造句。用你要写的场景填空，想象一下你的应用场景，比如用在写作之上，你可以造句：你想表达的内容并不是那么重要，重要的是你是否知道今天读者的口味。

第四步：朗读修改。通过个人朗读，体味这句话的韵律、节奏、画面，看看是否还需要修改。

总之，创作金句是新媒体写作中的关键环节，能够让文章更具影响力和表现力。无论哪种方法，都需要用心和努力，只有不断实践和积累，才能创作出更多优美的金句，让文章更加引人入胜。

第三节　七个金句模板，三十秒写出一个金句

卓越的文章无不具备一个共同特征，那便是留下难以磨灭的金句。虽然全文或许不再清晰记得，但那些关键的词句却永远镌刻在记忆深处。不要以为编写金句只是一种技巧或虚假，因为你渴望读者喜欢你的文章，你必须给予他们喜欢的理由。

在前面的章节已经揭示了创作金句的终极奥秘。而在本节，将分享一些实践方法——创作金句的途径，希望能够提供一些思路和启迪。

一、重复法

重复是一种艺术，这里的重复，指的是句式重复或者用词重复，具

体的做法是前后两句话中，出现相同的词或句式，比较常见的是重复动词。有三种重复方式，为了便于理解，用字母表示：AB-AC、AB-BA、AB-BC。

1. AB-AC

AB-AC。通常是同一个动词，搭配不同的名词，前后两个半句存在某种关系，可以是相反也可以是递进。很多经典名句都出于这个句式。

比如：（1）后来的我们，为了谁四处迁徙，为了谁回到故里（重复词：为了谁；关系：相反）。

（2）你领导一次抗议，而我领导一个国家（重复词：领导；关系：递进）。

2. AB-BA

AB-BA。亦称回环，即用前面文字的结尾，作为后面文字的开头；再用前面文字的开头，作为后面文字的结尾，循环往复。比如刘慈欣在《三体》中有一句：给岁月以文明，而不是给文明以岁月。

回环的最大特点是：前后两句话，所用的词语完全相同，只是前后顺序换了，但是正读倒读都能朗朗上口，让人“不明觉厉”。核心是你要有一个深刻的观点，前后两个分句，意思上要形成反差。

比如：（1）智慧从来不只属于智者，但智者的智慧会永远属于智慧（A. 智慧，B. 智者）。

（2）我们面前有困难，困难面前有我们。（A. 我们，B. 困难）

（3）一个人倒下去，千万人站起来；千万人站起来，一个人倒下去。（句子回环）

3. AB-BC

AB-BC。亦称顶针，即用前面文字的结尾，作为后面文字的开头。

比如：（1）楚山秦山皆白云，白云处处长随君。（A. 楚山秦山，

B. 白云，C. 随君）

（2）夏虫也为我沉默，沉默是今晚的康桥。（A. 夏虫，B. 沉默，C. 康桥）

（3）长得漂亮是本钱，把钱花得漂亮是本事。（A. 漂亮，B. 钱，C. 本事）

二、押韵法

顾名思义，就是句尾的字，韵母的音要相同。甚至句尾的字可以相同，有点类似 AC-BC 的风格。

比如：（1）中年妇女的崩溃：儿子不肯睡，老师说的不会，丈夫说这一切都是你教得不对。

（2）如果你在被窝睡得正香，床以外的都是远方。

（3）世界上最好的“套路”，就是顺路。

三、定义法

用简洁明确的语言对事物的本质特征进行概括。“下定义”必须抓住被定义事物的基本属性和本质特征，平时多读书多思考，多摘抄。

句式结构会比较简单统一，多采用判断单句的形式。

比如：所谓……就是……，所有的……都是……，最……是……，只能（必须、肯定是）……

（1）所谓擅长，就是日复一日。

（2）所有的账单，都是你的日记。

（3）最好的“学区房”，是家里的书房。

四、否定法

在一个常识中，找到反常的点，然后提出自己新的想法和理解，或对这个常识进行相反或创新的解读，建立起一个新的认知。句式一般是推翻半句、推翻全部、多重否定。

比如：（1）有些人的爱情，从来都不是喜欢二字。（完全否定）

（2）人应该终身学习，至死方休。我只认可前半句。（推翻后半句）

（3）忘记一个人的方法，永远只有时间和“新欢”。我只同意后半句。（推翻前半句）

（4）你不必把这杯酒干了，你不必放弃玩音乐，你不必改变自己，你不必背负那么多，你不必成功。（多重否定）

五、具象法

就是把原来模糊不清的、抽象的内容具体化，变成读者熟悉的内容。

比如：（1）爱情就是七个字：尹天仇和柳飘飘。（爱情具象化为尹天仇和柳飘飘）

（2）我好久没有过“以小步紧跑去迎接一个人”的那种快乐了。（快乐具象化为小步紧跑）

（3）孤独是什么？烟，酒，和正在看文章的你。（孤独具象化为烟、酒、你）

六、修辞法

使用修辞手法能让句子更有节奏感，也更加具体，手法通常有类比、排比、对比、一语双关。

1. 类比

类比的核心是找到一个共同的属性，连接两个不同的事物。比如：

（1）我不是金元宝，做不到人人都喜欢。

（2）每个人都是一条河，每条河都有自己的方向。

2. 排比

排比是营造层层递进，增强节奏感和韵律的感觉。

（1）过期的凤梨罐头，不过期的食欲；过期的底片，不过期的创作欲；过期的旧书，不过期的求知欲。

（2）在庞杂之上，选择精简；在表面之下，去往深处；在混沌之内，发现秩序；在无效之外，找到有效。

3. 对比

对比的核心是找到主体之间的共性或对立面。

（1）虽然都生活在阴暗里，却仍然有人在仰望星空。

（2）小孩才分对错，大人只看利弊。

4. 一语双关

一语双关是指一个词或一句话关涉两个意思，即表面上是一个意思，暗中又含指另一个意思。

（1）从小喝到大——某饮料广告；

（2）好吃点你就多吃点——某零食广告。

七、拆字法

拆字法就是根据汉字的字形结构特点和人们的认识规律，把一个字拆开，分解成几个独体字，或者给一个字的组成部分赋予一定的意义的方法。这个方法比较难，平时遇到时注意收集即可。

比如：

（1）我摊开手中愁，你只见眼前秋。（愁）

（2）勤耕心上田。（思）

写文章时创作金句一般有三步，首先通读一遍文章，把能瞬间抓住自己眼球的、有启发感的、有共鸣的句子都挑出来；然后，换位思考，想象面对十万百万读者，挑出那些覆盖面更广的句子；最后，用第二节提到的改编方法精心打磨这些句子。

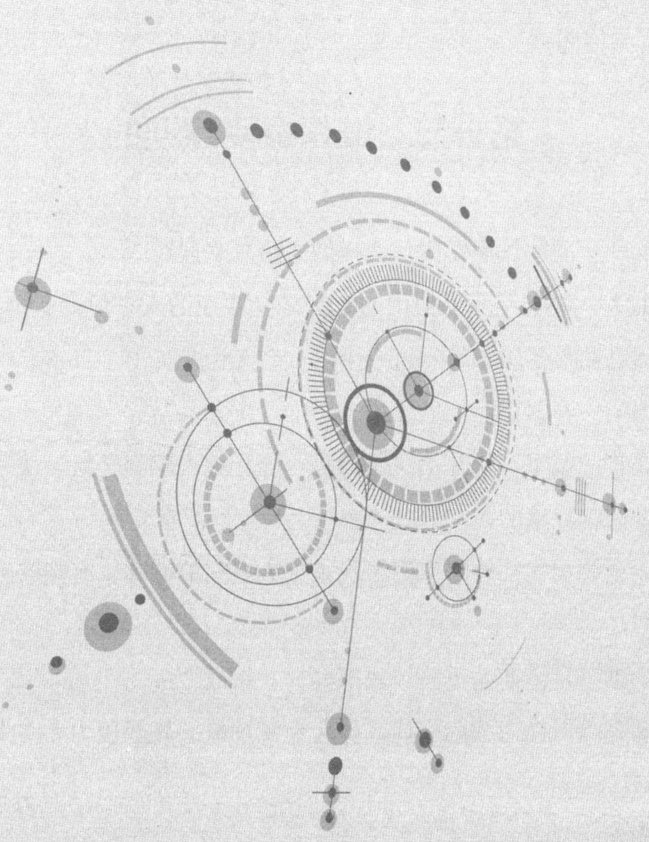

第十章

段子：让生活的庸常瞬时生动

在接下来的15分钟时间里，将要学到的是“怎样写幽默段子”。幽默，其实是一件很简单的事情。

第一节　谁是最受欢迎的人

问一个问题，生活中什么样的人最受欢迎？

助人，敢吃亏，讲信用的人都是受欢迎的人，但没有排在第一位，这个问题在很多国家都做过一个测试，无论是美国、日本、中国，还是其他国家，答案都惊人地统一。

调查的结果，排在第一位的是：能让他人感到轻松、快乐的人，也就是具有幽默感的人。

无论公司、团体、家庭，还是个人之间的交际，有幽默感的人普遍受欢迎。

幽默感是情商的重要组成部分。

幽默可以助力战胜病痛，提高免疫功能，减轻压力，甚至有益于延年益寿。

幽默，从另一个角度来讲，就是"爱说笑"，可别小看笑话的力量，可以让孕妇生孩子过程减轻痛苦，也能缓解病痛，都有活生生的真实案例佐证。

"笑是一种可爱的传染病。"被它感染上了不但浑身舒畅，还快乐无比！

人生的最大追求是什么？是巧克力和冰激凌、热带地区的观光、孩子们的拥抱、美美地睡上一觉，还是做好工作带来的满足感？每个人给出的答案都会不同。但是有一样极致的乐趣雅俗共赏，那就是欢笑。

这个世上如果有一个人经常给你发笑话、喜剧片、小品逗你笑，可以肯定，这个人不是你的爱人，就是你的死党、闺蜜、铁哥儿们。

因此，会写幽默段子的人，一定是一个受人喜欢的人。近几年，脱口秀大会的兴起，带火了一批“段子手”，让他们从幕后走向台前，带给人欢笑的同时，也获得了不菲的收入。

去挖掘段子中的技巧，学会编写段子，只是其中的一个收获。真正要掌握的是把一个段子改编嫁接到和业务有关的文章当中，让文章读起来和别人不一样，有些差异化，才有可读性，才会印象深刻。

这样改编出来的一个小段子，可以单独用，也可以穿插到一个整篇文章当中，作为一个起始段或者中间的一个过渡、转折，作为一个承上启下的部分都可以。

在这个学习过程中，也会学习到一些幽默技巧，让自己变成一个有趣的人。

本章并不打算讲很多幽默的理论知识，因为关于幽默的理论，各种大思想家已经总结得很好了，到网上搜索一下幽默理论，有很多。最主要的就是乖讹论、释放论、优越论，网上有很多相关的介绍。

我主张直接从实践开始，先写起来，在创作中学习创作。当自己创作的段子达到一定的数量以后，再回头看那些理论也不迟，那时才能真正有所领悟。

在写段子这项技能里，理论不是雪中送炭，而是锦上添花。

只有了解幽默段子的内涵才会改编出一个笑话。下面进入正题，从段子的脚本开始讲起。

第二节 好段子究竟长什么样

一、什么是段子

什么是段子或者笑话？

问得好！大多数人会把段子或者笑话定义为让人发笑的话或事。这个定义虽然正确，但并没有真正说明什么是段子，只是描述了应有的效果。如果同一个段子，有时候讲出来会让大家爆笑，但有时候又会很冷场，那么它还是一个段子吗？

如果讲一个段子，听众为什么要笑？到底是怎么一回事？它内在的运作过程到底如何？

美国研究人员托马斯认为，当人们期待某一结果出现，却发现了另一个结果时，笑话和幽默就产生了。

如果我讲一个笑话，你就会产生一个期望，你的头脑会开始找寻那个结果，但是你无法想象那个结果。

笑话向两个层面移动，首先它在一个逻辑的层面上移动，这是你可以想象得到的。如果一个笑话一直到最后都很合乎逻辑，那么就不好笑。

突然间那个笑话会来一个急转弯，而变成不合逻辑的，变成某种你想象不到的东西。

当笑话转了一个弯，而变成不合逻辑的，那个期待，那个在你心里面产生出来的紧张，就突然爆开来，你就放松下来，你就笑了出来。

简单来说，当一些合理的东西或事物没有按常规发展时，幽默就会出现。

因此，段子是由两个脚本组成的。第一个脚本是铺垫，第二个脚本是笑点。这两个脚本是对立的，第一个脚本建立预期，第二个脚本制造意外。

因此，段子＝铺垫＋笑点。

先看一个例子：

“医生在家吗？”一位病人用带有支气管病变的声音低声询问。“不在家。”医生的年轻漂亮的老婆低声回答道，“直接进来吧。”

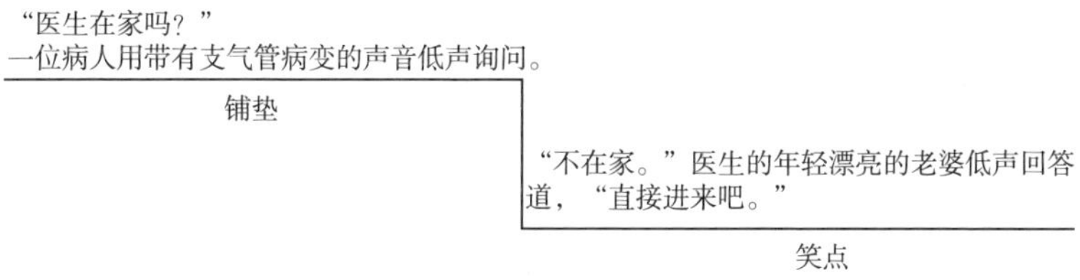

段子图解 1

借用美国喜剧演员格雷格·迪安的“笑话图解”，来更加清楚地了解铺垫和笑点。

在这个笑话里，有两个脚本，第一个脚本是病人看病的脚本，第二个脚本是偷情的脚本。

看到了吗，这就是段子所做的事情：第一个脚本作为铺垫，让读者产生一个预期，再用第二脚本打破预期，制造意外。

简单来说就是，铺垫脚本建立预期，笑点脚本制造意外。

人类的大脑没有办法同时处理两个本质上相对的概念。这两个相对的概念就会产生张力。大脑控制逻辑的部分需要寻找方式来释放这个张力。而笑就是其中很重要的一条释放这种张力的途径。

二、优秀段子的标准

什么样的段子才算是好段子？

普通段子＝铺垫＋笑点。

优秀段子＝铺垫＋惊喜。

惊喜是什么意思？

就是笑点很奇特、很绝、很智慧、很有共鸣、很讽刺。笑点一定要满足人性的欲望：怪、糗、贱、假、傻、笨、坏、怂、痴……

比如在第四季《脱口秀大会》上的一个段子：

今天的主题是上班，外地人，在本地，找工作很难，我之前去一家公司面试，面试官叽叽喳喳说了半天，我实在忍不了了。我说不好意思，我听不懂本地话。

他说这是英文，我说但这里是中国。

他说但你面试的是翻译。

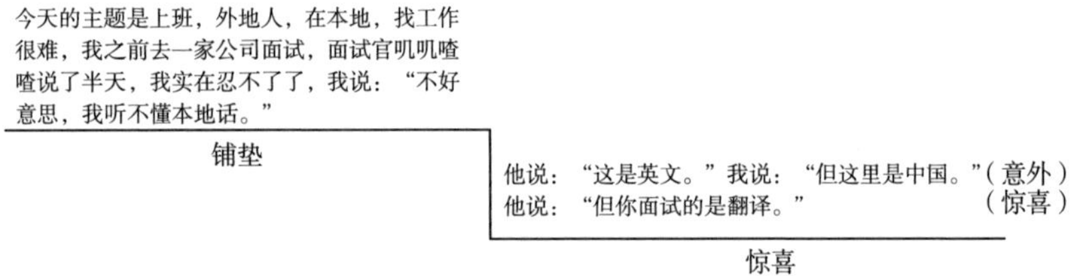

段子图解 2

同样的，我们用"笑话图解"来分析下面这个段子：

脚本一：我之前去一家公司面试，面试官叽叽喳喳说了半天，我实在忍不了了。我说不好意思，我听不懂本地话。（预期：观众假设面试官说的是本地话）

脚本二：他说这是英文，我说但这里是中国。他说但你面试的是翻译。（意外：他说这是英文；惊喜：他说但你面试的是翻译）

另外，好的段子一定是结构紧凑、语言简洁、短小精悍，才能保证笑点不被稀释。而且最好的段子一般都是把笑点放在最后，笑点的出现让人猝不及防，又戛然而止。

比如这个段子：

甲：我朋友骗了我，他说他昨天晚上和他妹妹在家。

乙：你是怎么知道的？

甲：昨天晚上我和他妹妹在一起！

如果这个段子后面再加点东西，这样的解释，就把段子的笑点给稀释了，变得不好笑了。一定要记住，段子一定要简短，笑点放在最后。语言这个东西，越简洁越有力量。宁可让读者想很久才能明白段子里的笑点，也不要在段子里试图解释笑点，那只会让段子变得无趣。

段子不能看或听两遍，再好的笑话，第二次看到、听到也会感觉到枯燥无味。所以这一点要特别注意，笑话是不能解释的，只能意会。描述太多就会走味儿，还有，不要给对方太高的期望，最忌讳的是这样的预先配置或者开场白："今天我要讲一个世界上最好听的笑话给大家听……"

总之，不重复、不解释、不期望。

三、如何训练成为"段子手"

人的幽默感大约有三成是天生的，其余的七成则要靠后天培养。幽默感的训练：

首先，一定要多看多背段子：阅尽天下段子，心中自然有"梗"，每天找一条笑话，把笑话背熟，反复操练，尽可能讲得风趣幽默诙谐。

背故事，一方面是为了"熟读唐诗三百首，不会作诗也会吟"，让你在需要讲幽默故事的时候，能够轻松脱口而出；另一方面幽默故事读多了，用来说就是建立起一条"幽默条件反应链"，形成了这条反应链后，人也自然会开心许多的。因为幽默故事常常包含着一种"超越"的精神，读多了，慢慢人就会受感染。

每天务必在工作或生活中找到一个东西（事物）幽默一下。最好就是当众幽默，实在不行事后也可以自嘲补一下幽默，坚持一个月，就会发现心境也不同了。

有意识地去想，同样一个东西，要有意识地从别人想不到的角度去看待这个东西或者事情。这个想象力是可以锻炼的。

很多人根本没有主观的意识要去往一些不同的角度来看待事物，其实当你真的有意识去想一想，你会发现你其实幽默感很强。每个人都是可以很幽默的，都是可以富有想象力的。当然，有人多一点，有人少一点。少一点的人可以通过练习来培养。

比如有一个小练习我自己以前练过。就是没事闲着就假想这个问题：如果……会怎么样？

比如：如果给大象用耳机，是什么样的？

这些如果平时多想一想，就可以锻炼你的想象力，就可以让你更容易想出别人想不到的话。

然后，再用常识想一下，怎么把想出来的话变得合理就可以了，这一步还是相当简单的。

这种锻炼想象力的方式，让你反复“使自己的头脑转弯”，而不是使用直线思维，慢慢培养一种“转弯思维”。这也是锻炼逆推思维、反向思维的一种很好的方式。

平时看微信、朋友圈、网络论坛、电视，看报纸、看杂志、看书、交谈、观察。这些活动都是拓展话题的源泉。拿一个本子，把这些活动中听到看到想到的趣事、要事、重要观念，好句子等记下来，一天记下一两句或一两件趣事。

想出来，说出来，用出来就得心应手了。

第三节　十种经典段子“套路”，让你一次笑个够

下面就来学习具体的方法。这些方法，也可以叫写段子的“套路”。

一、幽默技巧：一语多义，一语双关

利用词语的多义现象有意使其具有双重含义，达到言在此而意在彼的表达效果，曲解原意或者一语双关，这是幽默惯用的技巧，在语音、

语义、行为等方面故意误会对方的本来含义，使理解出现偏差，从而触动听众的笑神经。

比如：（1）月黑风高，走私者与老大进行交易。他拿出一个黑色皮箱，放到桌上，打开一看，里面满满都是违禁品。走私者对老大说道：公平交易！见货付钱！

老大勃然大怒，掏出手枪对着他，边开枪边喊：你才是贱货！

（2）老夫妇去拍照，摄影师问："您是要侧光、逆光，还是全光？"大爷腼腆地说："我是无所谓，能不能让你大妈穿上点？"

二、幽默技巧：曲义歪解，错位反差

故意歪曲对方话语的本义，或故意装聋听不清而回答就是曲解。利用语词的多义、同形、谐音、同音等条件来构成。用似是而非的荒唐道理去解释某种事物，让人啼笑皆非，产生搞笑的效果。

比如：（1）新兵连时，有次班长点名，我答"到"，班长说我声音太小，罚我对着围墙大喊 100 遍。"到，到，到……"还没 50 遍呢，围墙突然倒了，进来一个货车尾，紧接着就听到围墙外一个声音在怒吼"谁在瞎指挥！"

（2）一次到饭店吃饭，一哥们儿一高兴点了一个甲鱼汤，正要喝，我说了句："对，王八就该喝汤。"众人喷饭……不一会儿，甲鱼吃完了，没想到甲鱼底下有几个甲鱼蛋，都不太好意思吃，就对服务员说："服务员，把这分一下。"谁承想服务员说了一句："这让我怎么分呀，你们 6 个人，5 个王八——蛋……"

三、幽默技巧：故弄玄虚，故意夸张

通过曲折的暗示，故弄玄虚，吸引对方思绪，巧妙地为对方设下圈套，听者、阅读者可以通过曲折的推理去领悟轻松一笑的感觉。

比如：（1）朋友推荐款减肥茶，说效果神奇，喝一周能瘦十斤，仿佛脂肪会集体“大逃亡”。我满怀期待开喝，第一天，肚子咕噜噜响，像有千军万马奔腾。一天跑八趟厕所，腿都软了。可上秤一瞧，居然纹丝未动。朋友还打趣：“这是脂肪在垂死挣扎，再喝保准瘦成闪电！”

（2）那天我去理发店，想换个清爽的发型。理发师热情地招呼我坐下，信誓旦旦地说要给我打造一款引领时尚潮流的发型，那口气，仿佛他是时尚界的救世主。修剪过程中，我就感觉有点不对劲，可又说不出哪里不对。等他大功告成，我睁眼一看镜子，差点没昏过去。这哪是什么潮流发型，简直就像被一群调皮的小鸟在头上筑了个杂乱无章的窝，而且这窝还歪七扭八的。我一脸绝望地看着理发师，他却还满脸得意，说：“怎么样，这发型够独特吧，走在街上，保证你回头率高达百分之二百！”我都怀疑，那多出来的一百是被吓回头的。

四、幽默技巧：事与愿违，预期失落

幽默技巧中最重要的一个技巧就是预期失落。期待的突然消失。本来在等一个很重要、很严肃的事情，突然间没有了，我就会笑起来。把概念的内涵做大幅度的转移、转换，使预期失落，产生意外。

比如：十年后，我们不经意间再次相遇，她低声问我：“这些年过得好吗？她对你好吧？”我很伤感，说：“我还没结婚，一直等你。”她眼圈红了红，说：“你晚上7点来咖啡馆找我吧。”七夕夜，月如钩，我手捧鲜花，提前半小时来到咖啡馆，她迎我进去，招呼我坐下，幽幽问道：“你听说过安利吗？”

五、幽默技巧：本末倒置，类别转换

通过颠倒事物间的常规关系，让事理呈现出鲜明的不协调或对立，从而引导幽默的产生。这种技巧在于，将事物的正常顺序在特定情境下颠倒，创造出滑稽的效果，这便是倒置的精髓。倒置的形式多变，可以在不同情境下体现为角色、事理或语言的倒置等。

比如：目的转换——做一件事的目的，并不是读者预期的那样。

（1）妻子说她受够了我，准备这周末就搬回娘家住。不管我如何哀告乞求，她还是坚持绝不会在周末前就搬走。

性别转换——以为是女人其实是男人；以为是男人，其实是女人。

（2）昨晚请公司重要的客户吃饭，席间客户告诉我，他刚旅游回来，还给我看了旅游时拍的照片，是他和一个浓妆女人合照。我说这女的是男扮女装！

客户满脸黑线地说："这是我老婆。"

（3）A："大伯，我买一袋盐。"

B："我有那么老吗？"

A："好吧，大叔我买一袋盐。"

B："我比你大不了几岁。"

A："大哥，你怎么脸色这么难看？"

B："我就那么长得像男的吗！！"

焦点转换——避重就轻，将注意力从重要事物转移至琐碎细节。

（4）当我在离婚协议书上签完字后，前夫连看都没看就起身离开，没想到他居然如此狠心，害得我白练了这 10 多年的书法。

场景转换——你以为我是在这里，其实我在别的地方。

（5）我喜欢在上厕所的时候看书，所以我一直被禁止进入书店。

角色转换——转换不同的身份。

（6）我们是小学同学，初中的时候，她是班级中表现最突出。后来她考上了重点高中，而我却拖着一包衣服外出打工。后来她考上了名牌大学，所有的人都为她骄傲。大学一毕业后，她很轻松地找到了工作。而我呢？却坐在椅上看着她的简历，漫不经心地说道："若不看你是我的小学同学，我能要你？"

六、幽默技巧：拟人拟物，荒诞滑稽

把人拟成鄙俗之物，或将鄙劣之物煞有介事地拟成人或其他高贵的形象，从而表现事物滑稽可笑的一面。

比如：（1）四只老鼠吹牛。甲：我每天都拿鼠药当糖吃；乙：我一天不踩老鼠夹脚发痒；丙：我每天不过几次大街不踏实；丁：时间不早了，回家抱猫去喽！

（2）在超市里，看见一只五花大绑着的螃蟹从 18.9 元每斤的水箱里往 28.9 元每斤的水箱里爬，我泪流满面：你太有上进心了！

七、幽默技巧：釜底抽薪、借题发挥

借题发挥就是巧借现场的人、事、物甚至对方的语言为题，就势引申发挥自己的观点和主张，从而制造幽默。这种幽默大多是临时起意的现场发挥，具有极强的自由性，且极为切合实际。

比如：（1）一天打一出租车，上车后此司机正开着收音机听体育新闻。

播到足球消息，司机说："如果找十几个犯人。让他们练四年足球，然后他们踢世界杯，出线了就出狱，出不了拉回去，中国足球一准儿出线。"

（2）情感专家问一老农：事业和职业的区别是什么？

答曰：今天上班了，明天还想上，这是事业；今天上班了，明天还得上，这是职业。

八、幽默技巧：自嘲自黑，自大显摆

幽默的最高境界就是自嘲、自黑，是幽默最高级形式，也是最安全的方式。自嘲、自黑是内心世界强大的人才能做出的玩法，一个敢于自嘲、自黑的人写出的文章，不仅不让他丢分，相反还能获得大多数人的支持，网络攻击行为也会大幅减少。

比如：（1）人一定要有仪式感，比如我每天晚上一定要看看自己的余额再睡，第二天从来就不会迟到。

（2）想找人崇拜的时候，我会去照镜子。

（3）一想到移动互联网还没有找到有效的盈利模式，我就睡不着觉。

九、幽默技巧：否定肯定，肯定否定

表面否定，行动上肯定，或者表面肯定，行动上否定。

比如：（1）昨晚在酒吧居然有人叫我“小气鬼”，于是我拿起他的酒泼了过去。

（2）“不要叫我大王，要叫我女王。”“好的大王。”

十、幽默技巧：特征放大，强化特征

把特点进行放大，或者是重复强调某个特征。

比如：（1）小李是个要强的人，就在小李快抓不住岩壁的时候，王二蛋伸出了手，小李毫不犹豫地出了剪刀。

（2）学校老师打电话给我说：“你儿子撒了很多谎。”我说：“那你转告他，他技术不错——我根本没孩子！”

多看，多总结，上面讲的写段子的“套路”，只是我比较喜欢的一些类型，当你读段子的数量多了以后，你也可以总结出更多自己喜欢的段子“套路”。

有了这些“套路”，以后当发现一个素材时，就可以很方便地写出段子了。

经典段子摘录

第十一章

结尾：离点赞与互动最近的地方

好的开始是成功的一半，而精彩的结尾则是成功的点睛之笔，让人久久难以忘怀。

第一节　结尾不是结束，是新的开始

本章聊聊常常被忽视，却又超级重要的文章部分——结尾！别小看它，这可是决定文章能不能从“还行”晋升为“哇！”的关键一招！

想象一下，你辛辛苦苦写了一篇文章，从头到尾都是干货满满，结果结尾来个“谢谢大家，再见”，是不是感觉就像吃了一顿大餐，最后却给了个塑料勺子？不，我们要的是金勺子，是让读者吃完还想打包带走的那种！

文章的开头与结尾，两者并重，共同构成了文章的骨架。开头如同文章的门面，决定读者是否愿意进一步探索；而结尾，则是文章的压轴之作，塑造读者对文章的最终印象。即便前文的内容稍显平淡，一个出色的结尾也能力挽狂澜，给读者留下深刻的印象，让人回味无穷。反之，一个糟糕的结尾，不仅会让读者感到沮丧，甚至可能引发他们的愤怒，从而毁掉整篇文章的努力。这正如一部影视作品，即便开头和中间部分都表现得相当出色，但若结尾处理不当，往往也会让人大失所望，评价骤降。

优秀的结尾，不仅是文章内容的完美收官，更是文章传播的助推器。它能够增强文章的吸引力，提升阅读量，让文章在读者心中留下更深的印记。然而，结尾的魅力并非孤立存在，需要建立在标题、开头、内容逻辑等坚实的基础之上。正如宜家购物体验一般，从入口到出口，每一步都经过精心设计，最终在出口处给予顾客惊喜，让他们满载而归。文章亦应如此，通过正文的层层铺垫，最终在结尾处触动读者，激发他们的转发欲望，确保文章的传播链条畅通无阻。

在设计结尾时，需要从全篇出发，精心构思。心理学上的“峰终定律”为我们提供了有益的启示。大脑对于某一件事情的体验记忆，主要由两个因素决定：一个是在做这件事情时的最高峰感受，另一个则是结束时的感受。这一规律同样可以运用到文章的结尾设计中，通过精心构思，让读者在文章结束时，能够感受到一种高峰体验，从而对文章留下深刻的印象。

电影《战狼》的结尾便是一个成功的案例。

中华人民共和国公民：

当你在海外遭遇危险

不要放弃！

请记住：

在你身后

有一个强大的祖国！

那段激昂的台词不仅延续了故事的宏大气质，还将爱国之情升华到了一定高度，堪称画龙点睛之笔。这样的结尾，不仅让观众在情感上达到了高峰，还激发了他们的爱国热情，使电影的传播效果得到了极大的提升。

在新媒体时代，文章的结尾更是承载着与读者互动的重要使命。与传统媒体不同，新媒体文章允许作者与读者进行直接的互动。因此，一个精心设计的结尾，不仅能够让读者在情感上达到高峰，还能激发他们的互动欲望，如点赞、转发、留言等，甚至有可能让读者主动添加写作者的微信，成为写作者的忠实粉丝。

因此，请谨记：文章的结尾，不是与读者关系的结束，而是互动的开始。

第二节　结尾要避开五个坑，否则起反作用

在上一节中，已经深入探讨了结尾在文章中的重要性。一个出色的结尾，如同画龙点睛之笔，能够为整篇文章增添光彩，使读者印象深刻。然而，在实际写作过程中，许多作者往往在结尾处犯错，导致文章效果大打折扣。下面就来详细剖析在文章结尾中需要避开的五个坑点，并通过正反面案例的对比，帮助大家更好地掌握结尾的写作技巧。

坑一：不解决问题

当文章的主要目的是解决问题或提出观点时，结尾部分必须给出明确的结论或解决方案。这是读者阅读此类文章的期待所在。如果结尾只是泛泛而谈，没有实质性的建议或答案，读者自然会感到失望。

正面案例：以《如何应对工作压力》一文为例，作者在结尾部分给出了具体的建议："为了有效应对工作压力，我们可以尝试调整工作方式，比如合理安排时间、优化工作流程；同时，寻求同事、朋友或家人的支持也是缓解压力的重要途径；此外，保持积极心态，学会自我调节，同样能够帮助我们更好地应对工作中的挑战。"这样的结尾既紧扣主题，又给出了实用的解决方案，让读者受益匪浅。

反面案例：某篇文章深入讨论了网络暴力的危害，但在结尾时只是简单地说："网络暴力确实是个严重的问题，我们需要共同努力来解决。"这样的结尾显得空洞无力，没有给出具体的解决方案或建议，让读者感到无所适从。

坑二：过于煽情

情感化的表达可以增强文章的感染力，使读者产生共鸣。但是，过

度煽情则会让人感到不适，甚至产生反感。一个合适的结尾应该适度表达情感，同时保持客观和理性，让读者在感受到情感的同时，也能对问题进行深入思考。

正面案例：在《怀念逝去的时光》一文中，作者在结尾部分写道："时光荏苒，岁月如梭。那些逝去的时光，虽然无法挽回，却永远留在我们的心中。让我们珍惜当下，怀念过去的美好时光，同时勇敢地迎接未来的挑战。"这样的结尾既表达了作者对逝去时光的怀念之情，又鼓励读者珍惜当下、勇敢前行。

反面案例：某篇文章在描述一个感人的故事后，结尾部分过度渲染悲伤情绪，甚至使用了大量的感叹号和排比句来强调悲伤。这样的结尾让读者感到压抑和不适，无法产生共鸣。

坑三：缺乏情感共鸣

一个优秀的结尾应该能够触动读者的情感，让他们产生共鸣。这样的结尾能够让读者更加深入地理解文章的主题和观点，从而增强文章的说服力。缺乏情感共鸣的结尾则会让读者感到冷漠和疏离。

正面案例：在《母爱的力量》一文中，作者在结尾部分通过感人的故事激发了读者的情感共鸣："母亲的爱是无私的、伟大的。它像一盏明灯，照亮我们前行的道路；它像一股暖流，温暖我们冰冷的心房。让我们珍惜这份伟大的爱，感恩母亲的付出，用我们的行动去回报她们的养育之恩。"这样的结尾让读者深受感动，对母爱的伟大有了更深刻的认识。

反面案例：某篇文章在讨论家庭关系时，结尾部分只是简单地陈述了事实，没有加入任何情感元素。这样的结尾让读者感到冷漠和疏离，无法对文章产生共鸣。

坑四：突然转变风格

文章的结尾部分应该与整篇文章的风格保持一致。如果突然改变风格，会使读者感到突兀和不适。因此，在写作过程中，应该注意保持文章风格的连贯性和一致性。

正面案例：在《科技改变生活》一文中，作者以轻松幽默的笔触贯穿全文，结尾部分也保持了这种风格："科技真是个神奇的东西！它让我们的生活变得更加便捷、更加有趣。不过啊，咱们也别忘了适时放下手机，享受一下真实的世界哦！毕竟，科技再发达，也替代不了人与人之间的亲情和友情。"这样的结尾既符合整篇文章的风格，又给出了温馨的提醒。

反面案例：某篇文章以严谨的分析和论证展开，语言庄重、逻辑严密。但在结尾部分却突然变得轻松幽默，使用了大量的网络用语和表情包。这样的结尾让读者感到不适应，甚至对文章的整体印象产生负面影响。

坑五：冗长拖沓

一个简洁明了的结尾能够给读者留下深刻印象。而冗长拖沓的结尾则会让读者失去耐心，甚至对文章产生厌烦情绪。因此，在写作过程中，应该注意控制结尾的长度和节奏。

正面案例：在《学会自我管理》一文中，作者在结尾部分简洁地总结了文章的主要观点："自我管理是成功的关键。通过设定明确的目标、制订可行的计划并坚持执行到位，我们可以实现更好的自我发展。希望大家都能够掌握自我管理的技巧和方法，为自己的未来打下坚实的基础。"这样的结尾既总结了文章的主要观点，又给出了鼓励和建议，让读者受益匪浅。

反面案例：某篇文章在结尾部分重复了前文的内容，又添加了大量的废话和套话。这样的结尾让读者感到厌烦和无奈，无法对文章产生深刻的印象。

总之，一个出色的结尾对于文章的整体效果至关重要。写作时需要避免上述五个坑点，确保结尾部分既紧扣主题又富有情感共鸣，同时保持风格的连贯性和一致性，最后注意控制结尾的长度和节奏。通过精心打造结尾部分，可以让文章更加吸引人、更加出彩。

第三节　写不出精彩结尾时的六种方法

在新媒体写作中，一个精彩的结尾往往能起到画龙点睛的作用，它不仅能够总结文章主旨，还能激发读者的共鸣，甚至引导读者进行更深入的思考。然而，在实际写作过程中，很多作者常常在结尾处感到无从下手，无法写出令人满意的结尾。那么，当面临这样的困境时，应该如何应对呢？本节将提供六种实用的方法，帮助你轻松写出精彩结尾，同时配以案例，让你更好地理解和应用。

一、总结归纳法

总结归纳法是最常见的结尾方式之一，通过回顾文章的主要内容，将观点、论据进行梳理和概括，从而达到强化主题、加深印象的效果。

案例 1:《如何成为优秀的自媒体人》

结尾："通过本文的分享，我们总结了成为优秀自媒体人的三个关键要素：持续输出高质量内容、积极与粉丝互动、不断学习和提升自己。只要努力践行这些原则，相信你一定能在自媒体领域取得成功。"

案例 2:《健身初学者必看的 5 个建议》

结尾："回顾本文，我们为健身初学者提供了五个宝贵的建议，从制订计划到坚持不懈，每一步都是走向成功的重要一环。希望这些建议能够帮助你在健身的道路上少走弯路，更快地达到自己的目标。"

案例 3:《职场新人如何快速融入团队》

结尾:“通过本文的分享，我们了解了职场新人融入团队的几个关键步骤。从主动沟通到积极参与，每一步都需要我们用心去实践和体会。相信只要你肯付出努力，一定能够在团队中找到自己的位置，实现个人价值的最大化。”

二、提问引导法

提问引导法通过在结尾处提出一个问题或引导读者进行思考，激发读者的参与感和探索欲望，从而达到吸引读者注意力和深化主题的目的。

案例 1:《你为什么读不完一本书》

结尾:“现在，请你思考一下，自己为什么有时候难以坚持读完一本书？是因为时间不够还是方法不对？又或者是其他原因？希望通过这次思考，你能找到适合自己的阅读方法，享受阅读的乐趣。欢迎留言讨论。”

案例 2:《旅游的意义究竟是什么》

结尾:“旅游的意义究竟是什么呢？是为了放松心情、开阔眼界，还是为了寻找内心的平静和力量？或许每个人的答案都不尽相同，但无论如何，旅游都是一次心灵的洗礼和成长的过程。”

案例 3:《如何克服“拖延症”，提高工作效率》

结尾:“现在，请你回顾一下自己的工作经历，是否曾经因为拖延而错过了重要的机会？如果是的话，那么从现在开始，试着采用本文提到的方法去克服‘拖延症’吧！相信只要你肯付出努力，一定能够提高自己的工作效率。”

三、引用名言法

引用名言法通过在结尾处引用一句具有启发性和感染力的名言或格

言，来增强文章的说服力和感染力，使读者在思考文章主题的同时，也能够受到名言的激励和启发。

案例 1：《坚持就是胜利——记一位成功创业者的心路历程》

结尾："成功并不是目的，真正的成功在于走向成功的过程中，你成为什么样的人。"

案例 2：《职场成功的秘诀》

结尾，"正如乔布斯所说：'你的工作将填满生活的大部分，唯有热爱才能让你感到满足。'这句话也适用于我们的职场生活。只有热爱自己的工作，才能在其中找到乐趣和成就感。"

案例 3：《人生需要不断前行》

结尾，"海明威曾说：'你可以把我打倒，但是你永远不会把我打败。'这句话提醒我们，无论遇到多少困难和挫折，我们都应该坚定信念，勇敢前行。"

四、展望未来法

在结尾处展望未来，预测文章主题的发展趋势，激发读者的期待和好奇心。

案例 1：《自媒体行业发展趋势分析》

结尾："随着科技的进步和社交平台的不断创新，自媒体行业将迎来更多的发展机遇。未来，自媒体内容将更加个性化、多样化，自媒体人也将面临更多的挑战和机遇。让我们拭目以待，期待自媒体行业的未来更加精彩。"

案例 2：《未来的城市交通》

结尾："随着城市化的加速和科技的进步，未来的城市交通将变得更加智能化、绿色化和高效化。我们期待着未来的城市交通能够为我们带来更加便捷、舒适和安全的出行体验。"

案例3:《虚拟现实技术的未来应用》

结尾:“虚拟现实技术的不断发展将为我们带来更加沉浸式的体验和更加广阔的应用场景。未来,虚拟现实技术将在游戏、教育、医疗等领域发挥更加重要的作用。”

五、情感渲染法

情感渲染法通过运用生动的语言、丰富的想象和强烈的情感色彩来渲染文章结尾的氛围,使读者在情感上产生共鸣和认同,从而达到感染读者、增强文章感染力的效果。

案例1:《那些年我们一起追过的青春》

结尾:“青春如同一场绚烂的烟火,短暂而耀眼。我们曾一起追逐梦想、挥洒汗水,那些美好的时光仿佛就在昨天。如今,当我们回首往事时,心中不禁涌起一股莫名的感动和怀念。愿我们永远珍惜那段美好的青春时光,不忘初心、勇往直前。”

案例2:《母爱如水,润物无声》

结尾:“母爱如同清晨的露水,无声无息地滋润着我们的心田。她不求回报、不计得失,只希望我们能够健康快乐地成长。在这个特别的日子里,让我们向母亲表达最深切的感激和爱意吧!”

案例3:《十点读书精选:温暖的回忆》

结尾:“每个人都有一段温暖的回忆,那些曾经的点点滴滴都成了我们人生中宝贵的财富。让我们珍惜这些回忆,用它们激励自己不断前行。”

六、号召行动法

在结尾处提出具体的行动号召,鼓励读者积极参与和分享,提高文章的传播效果。

案例 1:《为优质自媒体内容点赞》

结尾：“优质的自媒体内容需要得到更多的支持和鼓励。如果你觉得这篇文章对你有帮助或者受到了启发，请不吝点赞、分享给你的朋友吧！让更多的人看到这些有价值的内容，共同为自媒体行业的繁荣作出贡献！”

案例 2:《微信公众号推荐：一起为环保行动》

结尾：“环保是我们每个人的责任和义务。让我们从自身做起，以节约用水、用电、减少废弃物产生等实际行动来支持环保事业。只有每个人都行动起来，我们的地球才能变得更加美好。”

案例 3:《今日头条呼吁：关注偏远地区教育》

结尾：“教育是改变一个人命运的关键，然而，在偏远地区，许多孩子却因为条件限制而无法接受良好的教育。让我们共同关注偏远地区的教育问题，为这些孩子们送去希望和机会。”

通过以上六种结尾方法及其对应的案例展示，可以看到不同结尾方式在新媒体写作中的灵活应用。无论是总结归纳法帮助读者回顾文章要点，引用名人名言法增强文章的说服力，提出问题法引发读者思考，展望未来法激发读者期待，情感渲染法触动读者内心，还是号召行动法鼓励读者参与，每种方法都能根据文章类型和主题的不同，发挥其独特的作用。

在故事类文章中，情感共鸣法和号召行动法往往能够取得良好的效果。通过讲述一个感人至深的故事，引发读者的情感共鸣，再借助号召行动法呼吁读者参与到某个行动中来，形成强烈的情感与行动的共鸣。

在观点类文章中，总结归纳法和展望未来法能够帮助读者更好地理解作者的观点，并对未来产生期待。作者通过总结归纳法概括出文章的主要观点，再借助展望未来法为读者描绘出一个可能的未来图景，使读者对作者的观点产生更深的理解和认同。

在干货类文章中，提出问题法和引用名人名言法则能够有效地吸引读者的注意力，提高文章的可读性。作者通过提出问题法引发读者的好奇心，再通过引用名人名言法为读者提供权威的观点和建议，使文章更具说服力和实用性。

在实际写作中，可以根据文章主题和读者群体选择适合的结尾方式，通过精心设计的结尾，能够使文章更加吸引读者的关注、提高文章的传播效果，并激发读者的分享和转发欲望。

第十二章

模板：性价比最高的写作结构

正如烹饪有食谱一样，写文章也有指导写作顺序的“文谱”。有了“文谱”，任何人都可以轻松写出能够引起共鸣的文章。

第一节　掌握写作文谱的“结构型模板”

你是否也经历过写作时的种种困扰？面对一堆素材却不知如何下手，文章写得支离破碎，甚至被质疑“到底想表达什么”。别担心，你并不孤单。许多写作者在创作初期都会遇到类似的难题。

这便如同一个从未下过厨的人，突然给他一堆食材，要求他做出几道美味的料理，他会感到无所适从吧？同样，写文章也是如此。即使手中有再多的信息积木，如果不知道如何调配，也是难以写出一篇好文章的。这时候，就需要一份“文谱”——写作模板来指引。

一、基础模板

模板，简单来说，就是文章走向的“结构模式”。它告诉你“先写什么，然后写什么，接着写什么，最后写什么”。它就像“导航仪”，指明了前进的方向，让自己不会迷失在创作的迷雾中。有了模板，就不必为文章的路线而烦恼，可以把注意力全部集中在内容写作上。这样，不仅可以加快写作速度，还可以提高文章的质量。

相反，那些不使用模板的人，很容易在写作过程中走弯路、走错路线，甚至朝相反的方向前进。这样的结果往往是文章支离破碎，让人看不明白到底想说什么。

本章将介绍四种基础模板：

（1）诚意分量十足的“指导型模板”。

（2）瞬间吸引读者的“结论型模板”。

（3）创造销售奇迹的“软文型模板”。

（4）引起读者共鸣的“故事型模板”。

别小看这四种模板，它们能够帮助你轻松创作新媒体文章。当然，写作的世界是广阔的，模板也不止这四种。

重要的是运用自如，而不是知道得越多越好。了解过多的模板反而会带来弊端，让你在选择时感到困惑和迷茫。因此，牢牢记住这四种模板，并熟练运用它们，就可以搞定大部分的文章。

二、运用模板

运用模板要强调三点：

第一点：模板一定要灵活运用

模板并非一成不变的公式，而是可以根据文章需求和读者喜好进行灵活调整的。在实际写作中，可能会发现，某些元素或结构从一个模板中借鉴到另一个模板中，会产生意想不到的效果。比如，在“指导型模板”中加入“故事型模板”的元素，可以让指导更加生动有趣；或者在“结论型模板”中融入“软文型模板”的技巧，使结论更具说服力。因此，不要拘泥于单一的模板，大胆尝试模板之间的交互使用，会让文章更加丰富多彩。

第二点：模板一定要配有案例

理论知识是枯燥的，而案例则是生动的。在学习和使用模板的过程中，结合具体的案例进行分析和模仿，能够帮助你更快地理解和掌握模板的精髓。一个成功的案例，不仅可以展示模板在实际写作中的应用效果，还可以为你提供可借鉴的经验和灵感。因此，在选择模板时，一定要选择配有丰富案例的模板，或者自己在实践中积累案例，以便更好地运用模板进行写作。

第三点：模板一定要亲自实践

无论你知道多少种模板，如果不亲自去实践、去使用，那么它们都只是纸上谈兵。模板的价值在于应用，而不在于收集。只有真正将模板运用到自己的写作中，才能发现其中的问题和不足，通过不断调整和优化，使模板更加适合自己的写作风格和需求。因此，不要只是盲目地收集模板，而是要结合范例，亲自使用过至少一次，才能真正掌握模板的精髓，让模板成为写作路上的得力助手。

第二节　诚意分量十足的“指导型模板”

一、指导型模板

什么是指导型？就是根据人们的需要，或存在的、想要解决的一些问题，通过指引，给人们提供解决方案！不仅告诉人们是什么，还告诉人们如何去做到。

订阅的公众微信，以及网络上令人眼花缭乱的信息，今天被称为“内容”，触手可及。但这些大部分都是原始的数据、事实和信息。作为指导类作家，提供的信息不仅仅是事实本身，使命是一步一步地教授读者如何做一些他们想要做的事情，或者实现他们想要实现的愿望，或将自己改变成想成为的人。

例如，如何摆脱负债、找到伴侣、提升业绩、减肥、健身、如何克服恐惧、如何解决家庭教育问题、如何训练狗、如何致富……或实现其他重要目标和梦想。都属于指导型范畴。

这里提供一个实用性非常强的指导型模板：

A. 误区：人们的常见误区是什么？

B. 方法：如何解决这一误区？

C. 缘由：这种解决方法为何如此重要？

D. 好处：学会并应用这一方法有哪些好处？

E. 步骤：如何具体学习和使用这个方法？

二、案例

列举三个方面的例子，就能深刻体会到这个模板的强大之处。

案例一：单词记忆

【误区】很多人在学习一门新的语言时，常常陷入无法有效记忆单词的误区。（人们的误区）

【方法】解决这个问题的方法是采用“空间重复记忆法”，这种方法通过不断回顾和复习单词，以最大化记忆效果。（解决误区的方法）

【缘由】这个方法的重要性在于它可以帮助你更快地掌握新词汇，提高语言学习的效率。（这个方法的重要性）

【好处】学会使用这个方法后，你可以更轻松地积累词汇量，更自信地运用新语言进行交流。（这个方法的好处）

【步骤】具体来说，你可以使用一些在线词汇学习工具，如 Anki 或 Quizlet，创建自己的记忆卡片，并按照空间重复记忆法的原则，定期回顾和复习这些卡片。（如何具体使用这个方法）

案例二：熬夜工作

【误区】许多人认为经常熬夜可以提高工作效率，但这是一个普遍的误区。（人们的误区）

【方法】解决这个误区的方法是规律作息，保证每晚充足的睡眠，这样能够提高注意力和工作效率。（解决误区的方法）

【缘由】充足的睡眠能够让你在工作或学习中保持清醒，减少粗心和错误。（这个方法的重要性）

【好处】如果长期熬夜，身体和大脑将受到损害，工作效率反而会下降，因此规律作息至关重要。（这个方法的好处）

【步骤】具体实践包括每天晚上保持相同的就寝时间，创建一个舒适的睡眠环境，避免在晚上过多摄入咖啡因。（如何具体使用这个方法）

案例三：晚餐减肥

【误区】许多人认为为了减肥，应该完全不吃晚饭，这是一个常见

的误区。（人们的误区）

【方法】解决这个误区的方法是控制晚餐的食物种类和量，选择低热量、高纤维的食物，如蔬菜和瘦肉。（解决误区的方法）

【缘由】控制晚餐的热量和脂肪摄入可以帮助减肥，同时保持身体健康。（这个方法的重要性）

【好处】完全不吃晚饭可能导致身体能量不足，影响生活质量，因此选择合适的晚餐对健康更有益。（这个方法的好处）

【步骤】具体实践包括制订合理的晚餐计划，避免高糖高脂肪的食物，将晚餐时间提前至睡前数小时。（如何具体使用这个方法）

指导型是一种强大的写作形式，具有满足读者需求、建立专业声誉和提高内容分享率的潜力。通过提供的模板，可以打造引人入胜的干货内容，为读者提供实际价值。

第三节　瞬间吸引读者的“观点型模板”

一、观点型模板

“观点型模板”有助于条理分明地表述事物，可以将其应用于各种类型的写作，从工作到生活。可以说它是一个万能的写作模板，也是我最喜欢和使用最多的一种模板。

它实际上是反映人类思维基本规律的一个模型，一个人怎么想的，往往通过两种形式表现出来：第一种是“说出来”，让别人听见，比如聊天、谈话、讲话、回答等，用语言表达来传递信息；第二种是“写出来”，让别人看见，写论文、写作文、写博客、写文章、写公文等，也能表达自己的想法、观点。

下面先来看看“说出来”的口头表达有什么规律。

平时在微信上聊天，或者是现在年轻人的相亲、约会这种场合，如果不会聊天，气氛就尴尬了。想象这样的一个场景：

女：你怎么称呼？

男：我叫李寻欢。

女：那你多大了？

男：今年25岁。

女：那你爸妈是做什么的？

男：他们是老师。

女：那你是做什么的？

男：我也是老师。

女：(╯□╰)……那你觉得我怎么样？

男：嗯，还行吧！

女的转身就走……

这就是典型的“查户口”式聊天，正确的聊天方式应该是这个样子的：

比如教师的职业，女方也想了解是哪方面的老师。这时除了表明自己是老师之外，可以接着给对方进行更细致的解释，比如说自己是教中学英语的，在哪个中学教书，平时工作面对的学生、家长什么情况都有，顺其自然还可以聊聊现在的老师待遇、教育政策等话题。

如果觉得女方还没有直观感受，解释半天还不够具体，就可以再举个例子继续说，比如说：“你看过电影《老师·好》没有，那个讲的跟我们工作很像，我也挺崇拜里面的苗老师，有爱心、有责任心、古道侠肠……”

一般到举具体例子这个阶段，聊天都会变得容易理解，容易产生共鸣。这时候你的职业、工作状态、收入水平、相貌、人品怎样这些东西都会形象地浮现在对方面前，使氛围活跃起来，使她对你产生好感。

举这个例子是想说明，即使是日常生活中的聊天也是有技巧的，或者说是有规律的。

什么规律呢？

就是站在对方的位置上想问题，不断假设她是听不懂的，这样才会有话说。

第一句话说了自己的观点，直接回答了问题，这时如果你认定对方已经听懂了，这种情况下再往下肯定就无话可说了。

要想有话说，你就要假设她没听太明白，第二步就可以紧接着跟她解释你的观点，或者是更为细致地描述是怎么回事。

这时候，如果你还想有话可说，继续聊下去，就要继续假设对方没有听懂，进而第三步给她一个直观的感受，就是“给你举个例子吧”。等你把例子讲完，对方肯定听懂了，你也说得够多了。

这是一般日常聊天的内容安排技巧。掌握了这个技巧，表面上是表达能力提高了，实际上是思维水平提高了。

这里可以把这个聊天技巧按照顺序先记录下来，就变成了“观点—解释—举例”，用在写作上，往往还会加上一个总结性的结尾，这样就形成了完整的“观点型模板”的公式：

A. 观点：先推出结论……

B. 理由：这是因为……（解释性文字）

C. 案例：比如说，有这样一个案例……（故事、数据等）

D. 总结：因此，我的观点是……（回顾主题、升华主题）

在开头部分先痛快地亮明观点，然后写“为什么会得出此结论”的理由，再写具体事例和详细内容来提高结论的说服力。按照“观点→解释→举例”的顺序写的文章更能提高读者的认可度。

二、案例

观点型模板最大的特点就是“观点先行”。事实上，这个公式具有很强的应用性，用在日常聊天上效果好，用在其他场合同样效果很好，绝大部分的新媒体文章都可以使用这个模板，比如：

案例一：

【观点】阅读是提高写作水平的关键。

【理由】这是因为通过阅读，可以积累更多的词汇和句型，提高语言表达能力。

【案例】举个例子，著名作家乔治·奥威尔就曾说过，他的写作受到大量阅读的影响，阅读使他更有深度和广度。

【总结】因此，要提高写作水平，首要任务是多读书。

案例二：

【观点】亲情是人生最宝贵的财富。

【理由】这是因为家人是最坚强的后盾，无论何时何地，他们都会支持和关心我们。

【案例】比如，当我在远方读书时，每次遇到困难，都是家人的鼓励和支持给了我力量。

【总结】因此，无论发生什么，我都会珍惜家人，把亲情放在第一位。

案例三：

【观点】有限的时间应该用在值得的事情上。

【理由】这是因为时间是有限的资源，浪费在无谓的事情上会让人后悔。

【案例】比如，我曾经把大量时间浪费在手机游戏上，后来深感悔恨，因为那段时间可以用来学习或锻炼。

【总结】所以，我学会了更好地管理时间，将有限的时间用在对自己有意义的事情上。

大道至简，越是简单的东西，威力越大，观点型模板是新媒体写作中最直接、最常用的模板，还有很多演变形式，所以请你务必将关注的目光聚焦在这种结构形式上面，绝对值得你好好学习研究。

第四节　创造销售奇迹的“软文型模板”

在当今商业化时代，商业软文已经成为企业与受众之间沟通的重要工具。但什么是商业软文？简而言之，商业软文是一种通过文字形式来传递有关企业、产品或服务的信息，以营销、宣传或教育的目的为主。它不同于传统的硬广告，更注重叙事性、情感化、信息共鸣，力求与受众建立更深层次的联系。

一、软文型模板

在写软文时一定要弄明白：不要让别人一眼就看出是在宣传某产品，而要以一个故事或者案例先引起别人的兴趣，然后再顺便提一下产品，让读者充满好奇，不可过多介绍，会引起读者的怀疑。

人的大脑分为表意识和潜意识，当读者一开始读到这个故事或者案例，表意识判断后很容易接受，因为每个人都爱看新闻和故事，接着在文章里只是提一下产品，而且隐藏产品的好处。

这就很容易进入了他的潜意识，自然而然地了解了这种产品，潜意识往往是自动进入的，分不清真假。如果嵌入得好，将深入读者的大脑，留下深刻的印象。

这种声东击西的策略就像李小龙的格斗术一样，本意是攻击对方的头部，而先采用佯攻的方式攻其小腿，等对手没有任何防备，再出其不意攻击头部，就达到了目的。这里提供一个软文模板，具体如下：

A. 明主旨：明确你的产品和其他产品的差异性。（放在心里，不用写出来）

B. 插楔子：以引人入胜的方式开始，激发读者的兴趣。

C. 摆案例：通过具体案例或数据向读者展示产品或服务的卓越表现。

D. 讲初心：解释为什么选择从事这个领域或提供这种产品或服务，突出初衷和使命感。

E. 说产品：详细描述产品或服务的特点、功能和优势。

F. 聊门槛：阐述为什么选择你的产品或服务，而不是竞争对手的产品或服务，强调独特之处。

G. 定价格：明确产品或服务的价格，并解释为什么这个价格是合理的。

二、案例

软文型模板的核心就是强调你的产品或服务相比竞争对手的独特之处，并引导读者购买，看模板还是太抽象了，下面以三个具体案例说明。

软文案例一：特色手工巧克力

【明主旨】我们的手工巧克力与市场上的巧克力截然不同。

【插楔子】你是否曾尝试过一种令人陶醉的巧克力，它是美食与艺术的完美结合。（引起大家注意）

【摆案例】在我们的巧克力工坊，每块巧克力都是由经验丰富的巧克力师傅手工制作而成。每一口都是一次独特的味觉冒险，我们的顾客都为此着迷。例如，我们的黑巧克力，混合了来自秘鲁的红果与马达加斯加的香草，营造出无法忘怀的口感。（向读者展示成果）

【讲初心】我们的初心是将正宗的巧克力制作艺术带给人们，传递巧克力的魔力。我们坚信，每块巧克力都应该是一场美好的品味之旅。（告诉大家为什么要做这个）

【说产品】我们的巧克力仅使用最优质的可可豆和天然成分，不含任何添加剂或防腐剂。每一块巧克力都精心制作，封装在精美的包装中，送礼或自用皆宜。（产品里面都包含什么）

【聊门槛】与市面上的大众巧克力相比，我们的手工巧克力注重质量而非数量。我们不会妥协于速度，不追求大规模生产。我们的独特配方和工艺是市场上无法复制的，因此我们自信地选择这个领域。（为什么我选这个不选别家）

【定价格】我们的手工巧克力价格略高于一般市售品，因为我们追求的是卓越的品质和味道。这个价格反映了我们对巧克力制作的激情和承诺，也确保了我们的顾客能够品尝到无与伦比的巧克力享受。（价钱是多少为什么）

软文案例二：知识付费课程

【明主旨】我们的知识付费课程改变了学习方式。

【插楔子】你是否曾经感到传统教育方式无法满足你的需求，渴望一种更便捷、高效的学习方法？（引起大家注意）

【摆案例】我们的知识付费课程提供了广泛的学习资源，包括专业领域的课程、实用技能培训和行业专家的知识分享。数以千计的学员已经受益，他们在学业和职业生涯中取得了显著的进展。（向读者展示成果）

【讲初心】我们的初心是改变教育方式，让知识更加平等和开放。我们深信，知识是最宝贵的财富，应该为每个人所获得。（告诉大家为什么要做这个）

【说产品】我们的知识付费平台拥有丰富的课程库，涵盖了从编程到创业、健康到美食等各个领域。学员可以随时随地访问这些课程，学习自己感兴趣的内容。（产品里面都包含什么）

【聊门槛】不同于传统教育机构，我们的知识付费课程具有更高的灵活性和实用性。学员可以根据自己的时间表和需求自由选择课程，而不必受制于固定的学校课程。（为什么我选这个不选别人）

【定价格】我们的知识付费课程价格相对较低，相较于传统学校学费，更具吸引力。我们相信，知识应该是可负担的，因此我们努力确保价格公平，让更多人受益。（价钱是多少为什么）

软文案例三：英语学习平台

【明主旨】我们的英语学习平台革命性地改变了语言学习方式。

【插楔子】曾经的英语学习方式是否让你感到乏味和沮丧？是时候改变了！（引起大家注意）

【摆案例】数以百万计的学员通过我们的英语学习平台取得了令人瞩目的语言进步。他们不仅在英语考试中获得了高分，还在国际职场上取得了巨大的竞争优势。（向读者展示成果）

【讲初心】我们的初心是打破语言学习的局限，使每个人都能轻松掌握英语这门全球通用的语言。（告诉大家为什么要做这个）

【说产品】我们的英语学习平台提供了多样化的学习资源，包括在线课程、个性化学习计划、语音识别技术等。学员可以通过手机、平板电脑或电脑随时随地访问这些资源，提高英语水平。（产品里面都包含什么）

【聊门槛】我们的平台采用最先进的技术，定制学习计划，满足不同学员的需求。与传统的英语学习方式相比，我们更注重实际口语交流和听力训练，帮助学员更快地掌握英语。（为什么我选这个不选别家）

【定价格】我们的英语学习平台价格实惠，远低于传统语言学校的学费。我们坚信，语言学习不应该是奢侈品，而是每个人的权利。我们的平台致力于提供高质量的教育资源，确保对学员物有所值。（价钱是多少为什么）

软文作者就像在钓鱼，钓的是读者的兴趣，所要获得的成果——扩大个人影响力或品牌影响力。因此软文的发表频率、发表媒体、发表策略，都要多方考虑。文章就是下“钩”，收放一定要讲策略，初学者，不妨多找一些高手给看看，或者让几个朋友多提一些意见，对新手来说，熟能生巧。

第五节　引起读者共鸣的“故事型模板”

“故事文”是内容创作者最常用的写作形式。几乎所有的作者都要有写故事的本事，就连公文出身的我，在公文写作中，也要时不时穿插一下案例、故事。所以，如何写好一个故事是创作者永恒的话题。

能够写好一个故事的人很多，写不好一个故事的人更多。对于初入文字界的小白来说更是这样，虽然有自己的阅历作为后盾，但是缺乏写作技巧，明明胸中波涛激荡，写出来却平淡无奇。往往故事百转千回，成文之后却是流水小账。表现不出故事本身该有的内涵。所以，针对这种现象，这里专门总结了一个最强故事文写作路径，让你轻松写出一个故事。

一、故事型模板

故事型模板是指以引起读者共鸣为目的，将某个故事情节通过“连续剧形式”呈现出来的模板。它不同于那种刻板说教，而是像一个温暖的故事讲述者，用充满情感的回忆和感动人心的情节，深深打动读者，留下难以磨灭的印记。模板如下：

A. 昔日困境：曾几何时，我深陷身心重重困扰之中。（遭遇问题、焦虑、挫折、不适、烦恼、弱点等）

B. 偶遇转机：一个偶然的机会，我遇见了……（是何人 / 何物 / 何事让你从消沉中振奋起来）

C. 发生转变：我经历了翻天覆地的变化。（效果、作用）

D. 展望未来：我要继续保持这种良好状态。（快乐圆满的结局）

二、案例

在开头部分描述主人公的消沉状态（不良状态），接着描述是什么改变了主人公、主人公具体发生了哪些转变，是如何成长的，最后以快乐圆满的结局收尾。案例如下：

案例 1：

【昔日困境】过去的我，总是在自己的小圈子里徘徊，对于新事物充满了恐惧，感到自己在生活中被局限住了。

【偶遇转机】但在一次朋友的聚会上，我遇见了一位富有冒险精神的同伴，他邀请我一起参加一次户外徒步旅行。

【发生转变】在徒步旅行中，我克服了对未知的恐惧，体验了大自然的壮丽和简单生活的快乐。这次旅行激发了我对探索世界的渴望，也改变了我的生活观。

【展望未来】现在，我积极参加各种活动，勇敢迎接新的挑战，期待着更多精彩的冒险，我要继续在成长中享受生活的美好。

案例 2：

【昔日困境】曾经，我处于职业生涯的低谷，工作一成不变，没有挑战和成就感，生活中充满了压力和不满。

【偶遇转机】一天，我在网络上阅读到了一篇成功故事，讲述了一个人如何通过努力工作和坚定的信念，从一无所有走到了成功之路。这个故事深深地触动了我，激发了我的内在动力。

【发生转变】我开始重新审视自己的职业规划，设定了明确的目标，并积极寻求新的机会和挑战。我不再畏惧失败，而是将每次挫折都看作是向成功迈出的一步。

【展望未来】如今，我取得了职业生涯上的重大突破，不仅工作有了更多发展空间，还感到更加满足和有成就感。我意识到成功不是一蹴而就的，而是需要不断努力和坚持。未来，我将继续追求更高的目标，努力实现自己的职业梦想。

案例 3：

【昔日困境】曾几何时，我在工资不高的全职工作中度过了一段时间。尽管生活基本能够维持，但我一直渴望能够提升生活质量和储蓄更多的钱。

【偶遇转机】一次偶然的机会，我在社交媒体上看到了一位朋友分享了她的副业经历。她是一名兼职撰稿人，通过写作赚取额外的收入。她的分享引起了我的兴趣，因为我一直对写作很感兴趣。

【发生转变】我决定尝试写作，并通过在线平台开始了自己的自由撰稿生涯。刚开始，我面临一些挑战，包括寻找客户和提高写作技巧。然而，我通过不断学习和努力，逐渐提升自己的写作水平，也积累了一些稳定的客户。

【展望未来】如今，我的副业写作已经成为我每个月可观的额外收入来源。我不仅改善了生活质量，还能够储蓄更多的钱，实现了财务上的自由。未来，我计划继续发展我的副业，甚至考虑将其发展成为全职职业。这次的经历让我明白，通过副业赚钱是一个可行的途径，只要你有兴趣和毅力，就能够实现财务上的增长。

当然，故事型模板有很多，比如著名的英雄之旅模型等。你要明白：传递的信息，并不是它本身就会发光，而是因为有过克服消沉时期努力成长的经历才得以释放出光芒。

反过来说，如果你想给读者传递某种信息时，请用故事的形式表达你获知信息的经历。通过讲述渐入佳境的亲身经历，你会更加强烈、更加深刻地打动读者的心。

第十三章

颠覆：让 AI 成为写作助手

AI 取代不了人！只不过是会用 AI 写作的人取代了不会用 AI 写作的人。浪来的时候，最靠近浪的就是最先学会冲浪的。

第一节　AI 写作来了，你准备好迎接文坛的“新物种”了吗

亲爱的朋友，你意识到了吗？一个“新物种”正在悄然席卷全球……

AI 正在迅速改变世界，带来了前所未有的机会，同时颠覆了许多行业，包括制造业、金融服务、医疗、教育和零售等。

想象一下，1824 年的工业革命带来了翻天覆地的变化，不仅掀起了财富的狂潮，还使许多工作和行业随之消失。

正如某人说的：“时代抛弃你的时候，连招呼都不打一声。”

工业革命（AI 生成图片）

1924 年，汽车革命同样带来了翻天覆地的变化。一家报纸当时写道：“马车的时代已经结束，汽车把它赶出了道路。”

那些抵制变化的人也被时代甩在了后面。

汽车革命（AI 生成图片）

现在，100 年后，人类又面临类似的情形。

2024 年，像 ChatGPT、DeepSeek 这样的 AI 工具，正在显著改变当今的商业模式、招聘流程、文案写作、营销和翻译等。

这次的变化速度比以往任何时代都快得多。

AI 革命（AI 生成图片）

AI 技术的发展速度远超工业革命，每一年的进步相当于过去几十年的变化，而且这种变化是全球性的、迅猛的和指数级的。

如果想跟上时代，提升业务和生活质量，就必须拥抱 AI。那些拒绝改变的人可能会被时代所淘汰。

IBM 高级副总裁罗伯·托马斯说："AI 不会取代管理者，但使用 AI 的管理者将取代不使用 AI 的管理者。"

X 实验室负责人表示："AI 本身不会让我夜不能寐，但我担心我们可能无法充分利用 AI 来更好地协作和理解彼此。"

Alphabet 的 CEO 也表示："AI 不是工作的终结，但它可能会结束我们所知的某些工作。我们有责任教育、再培训和准备劳动力应对 AI 将创造的新工作。"

在我国，AI 也正迅速发展，政府的大力支持和科技巨头的积极投入，使得中国在全球 AI 领域占据了重要位置。《新一代人工智能发展规划》提出：到 2030 年，中国要成为全球 AI 领域的领导者。

因此，AI 在中国的应用非常广泛，从智能客服到自动驾驶，从智能推荐到人脸识别、数字人，无处不在。

例如，阿里巴巴的 AI 技术已经应用于物流、金融和医疗等多个领域，大大提高了效率和服务水平。

百度在自动驾驶方面取得了重大突破，计划在未来几年内实现大规模商业化。

腾讯的 AI 技术在社交媒体和游戏中发挥了重要作用，提升了用户体验。

其实，人工智能 AI 这个概念很早就提出了，很多人可能会奇怪，为什么 AI 突然聪明了起来，在诸多方面得到应用，因为它已经从"机器学习"阶段进化到"深度学习"阶段。

AI 生成表格

阶段	传统学习（traditional learning）	机器学习（machine learning）	深度学习（deep learning）
主体	人类	机器算法	深度神经网络
学习方式	通过观察、模仿和实践获得知识	数据驱动学习、自动进行特征学习、层次抽象	自动提取复杂特征、模式
知识获取	教育、经验、文化传承	从数据中提取模式和规律	自动提取复杂特征和模式
应用范围	各种生活技能、专业知识	数据分析、图像识别、推荐系统等	图像和语音识别、自然语言处理等

随着 AI 技术的普及，文案写作和营销也在发生巨大变革，AI 文案工具如雨后春笋般涌现出来。在这些工具中，OpenAI 推出的 ChatGPT 凭借其卓越的性能脱颖而出。用户只需通过简单的关键词或问题输入，ChatGPT 便能迅速生成一篇逻辑清晰、观点鲜明的文章，展现了其高质量的内容生成能力。

除了 ChatGPT，国内的 DeepSeek、文心一言、通义千问、豆包等同样不容忽视。这些工具凭借对中文语言文化的深入理解和多场景应用的精湛技艺，拥有强大的本地化内容输出能力，从而在实际应用中展现出更高的实用性。

AI 生成表格

工具	公司
ChatGPT（外网）	OpenAI
DeepSeek	深度求索
文心一言	百度
讯飞星火	讯飞
Kimi chat	月之暗面
通义千问	阿里巴巴
豆包	字节跳动

AI不仅可以轻松实现文章的撰写、改写、扩展、提炼及优化润色。

还能协助生成汇报框架并优化内容，高效制作工作汇报材料。

借助AI，还可制作图像、图表等，大大节省时间和精力。

此外，AI还能根据指令生成视频拍摄脚本，快速拆分视频分镜。

虽然AI工具有所不同，但它们在写作方面的核心应用方法却大同小异。

现在，AI正在快速改变世界，不仅创造了巨大的财富机会，也带来了许多挑战。

无论是企业还是个人，都需要不断学习和适应，才能在这场变革中立于不败之地。未来属于那些愿意拥抱变化，善于利用AI技术的人。

正如百度创始人李彦宏所说："人工智能不仅会带来技术的进步，还会带来生产效率的提升和经济结构的变革。"

让我们共同努力，迎接AI时代的到来，实现更美好的未来。

第二节　简单三招，AI从入门到精通

如何使用AI？

驾驭AI的关键，用一句话就可以概括：精准指令、有效反馈、人为把关。

首先，我们需要发出精确的指令，使AI能够从其知识库中准确调用相关数据。

其次，如果内容不满意，我们应提供有效的反馈，指出问题所在及优化建议，从而得到更满意的答复。

最后，人的把关至关重要，AI在使用过程中，会出现一些"一本

正经的胡说八道”“遗忘上下文”等问题，需要我们谨慎核实，以防被误导。

一、精准指令

AI 生成答案的质量，全看你如何“询问”和“引导”它。问得巧妙、引导得当，它就能给出令人惊喜的回答；反之，则可能得到空洞无物的废话。这里的“问法”指的是与 AI 的沟通技巧，即精准指令。

由于当前自然语言（人说的话）处理技术尚未完善，AI 生成内容的质量高度依赖于给出的提示词。提示词就像是与 AI 沟通的密码，只有准确、到位，才能让 AI 真正理解意图，给出有价值的回答。否则，可能只会得到“像是一堆正确的废话堆积而成”的文字垃圾，与搜索引擎上的“口水文”无异。

因此，学会写提示词，是与 AI 有效沟通的关键。这一点，连 OpenAI 的 CEO、ChatGPT 之父都强调过：会给 AI 写提示词是一个非常高杠杆的技能。

会写提示词与不会写提示词，AI 给出的回应质量将会有天壤之别。接下来，一起探寻这个差距究竟有多大……

为便于演示操作流程，后续示例中将统一以百度的“文心一言”作为演示工具。主要原因是本书撰写期间 DeepSeek 尚未广泛普及，而书中涉及的多数操作案例均基于“文心一言”平台完成。需要特别说明的是，关于提示词的设计方法与核心逻辑，在各类主流 AI 大模型中具有通用性，实际应用时可灵活迁移。

文心一言的操作界面很简单，用得最多的是“新对话”“近期对话”“提问区”，点击新建对话，然后在提问区写提示词，每一次使用会自动保存在历史记录中，便于查询过往操作。

例如想知道什么是“AIGC 提示词”，不会写提示词的人，直接搜索“什么是 AIGC 提示词？”会发现 AI 的回答非常专业，甚至有点看不懂。

文心一言使用界面

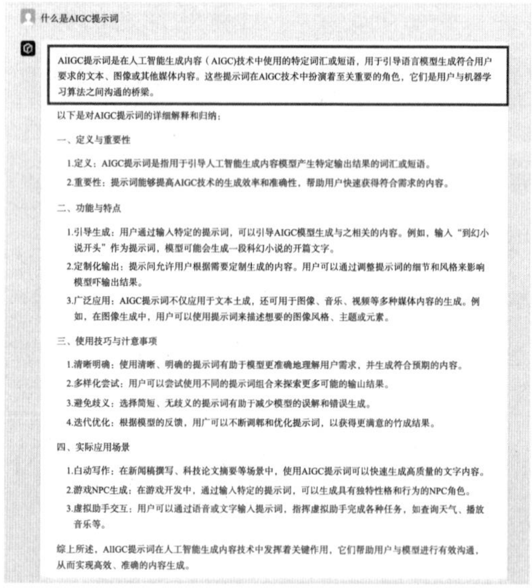

什么是AIGC提示词

AIIGC提示词是在人工智能生成内容（AIGC)技术中使用的特定词汇或短语，用于引导语言模型生成符合用户要求的文本、图像或其他媒体内容。这些提示词在AIGC技术中扮演着至关重要的角色，它们是用户与机器学习算法之间沟通的桥梁。

以下是对AIGC提示词的详细解释和归纳：

一、定义与重要性

1.定义：AIGC提示词是指用于引导人工智能生成内容模型产生特定输出结果的词汇或短语。

2.重要性：提示词能够提高AIGC技术的生成效率和准确性，帮助用户快速获得符合需求的内容。

二、功能与特点

1.引导生成：用户通过输入特定的提示词，可以引导AIGC模型生成与之相关的内容。例如，输入“到幻小说开头”作为提示词，模型可能会生成一段科幻小说的开篇文字。

2.定制化输出：提示问允许用户根据需要定制生成的内容。用户可以通过调整提示词的细节和风格来影响模型吓输出结果。

3.广泛应用：AIGC提示词不仅应用于文本土成，还可用于图像、音乐、视频等多种媒体内容的生成。例如，在图像生成中，用户可以使用提示词来描述想要的图像风格、主题或元素。

三、使用技巧与汁意事项

1.清晰明确：使用清晰、明确的提示词有助于模型更准确地理解用户需求，并生成符合预期的内容。

2.多样化尝试：用户可以尝试使用不同的提示词组合来探索更多可能的输山结果。

3.避免歧义：选择简短、无歧义的提示词有助于减少模型的误解和错误生成。

4.迭代优化：根据模型的反馈，用广可以不断调�父和优化提示词，以获得更满意的竹成结果。

四、实际应用场景

1.白动写作：在新闻稿撰写、科技论文摘要等场景中，使用AIGC提示词可以快速生成高质量的文字内容。

2.游戏NPC生成：在游戏开发中，通过输入特定的提示词，可以生成具有独特性格和行为的NPC角色。

3.虚拟助手交互：用户可以通过语音或文字输入提示词，指挥虚拟助手完成各种任务，如查询天气、播放音乐等。

综上所述，AIIGC提示词在人工智能生成内容技术中发挥着关键作用，它们帮助用户与模型进行有效沟通，从而实现高效、准确的内容生成。

不好的提示词

会写提示词的人，这样提问：“请用普通人都能理解的语言解释什么是 AIGC 提示词，并给出范例。”怎么样，解释是不是看起来很容易懂，还带有案例。

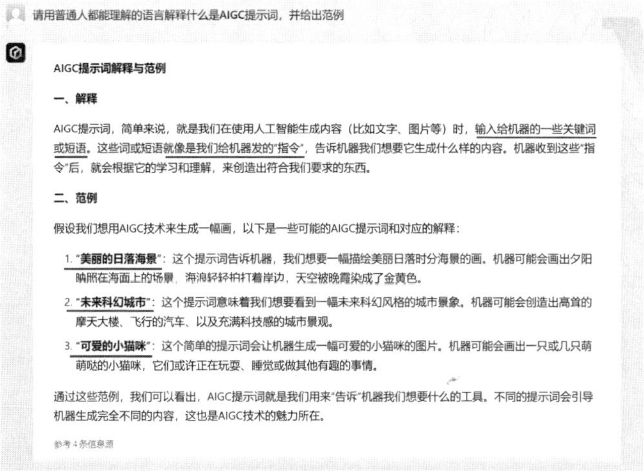
请用普通人都能理解的语言解释什么是AIGC提示词，并给出范例

AIGC提示词解释与范例

一、解释

AIGC提示词，简单来说，就是我们在使用人工智能生成内容（比如文字、图片等）时，输入给机器的一些关键词或短语。这些词或短语就像是我们给机器发的“指令”，告诉机器我们想要它生成什么样的内容。机器收到这些“指令”后，就会根据它的学习和理解，来创造出符合我们要求的东西。

二、范例

假设我们想用AIGC技术来生成一幅画，以下是一些可能的AIGC提示词和对应的解释：

1. “**美丽的日落海景**”：这个提示词告诉机器，我们想要一幅描绘美丽日落时分海景的画。机器可能会画出夕阳映照在海面上的场景，海浪轻轻拍打着岸边，天空被晚霞染成了金黄色。
2. “**未来科幻城市**”：这个提示词意味着我们想要看到一幅未来科幻风格的城市景象。机器可能会创造出高耸的摩天大楼、飞行的汽车、以及充满科技感的城市景观。
3. “**可爱的小猫咪**”：这个简单的提示词会让机器生成一幅可爱的小猫咪的图片。机器可能会画出一只或几只萌萌哒的小猫咪，它们或许正在玩耍、睡觉或做其他有趣的事情。

通过这些范例，我们可以看出，AIGC提示词就是我们用来“告诉”机器我们想要什么的工具。不同的提示词会引导机器生成完全不同的内容，这也是AIGC技术的魅力所在。

参考 4 条信息源

好的提示词

A：什么是 AIGC 提示词？

B：请用普通人都能理解的语言解释什么是 AIGC 提示词，并给出范例。

A、B 两种方式之所以生成的答案差异如此之大，就在于提问方式的不同。

写提示词的关键是转变思维，从以前的搜索达人要转变到现在的提问达人。有了 AI 的加持和辅助，一切内容皆可生成，全靠是否会问。

要明白，未来工具的差距只会越来越小，人的差距只会越来越大。

现在，已经了解到写出优质提示词的重要性。那么，怎样才能撰写出高质量的提示词呢？下面总结了一个通用且效果显著的提示词模板：提示词 = 明背景 + 立角色 + 提问题 + 列要求。

也就是说，一个好的提示词是由背景、角色、问题、要求这四部分构成的，只要掌握这模板，就能够让 AI 为自己所用。

【明背景】明确问题所需要的背景信息，帮助 AI 更好地了解需求。

【立角色】引导 AI 进入具体场景，为 AI 赋予行家身份。

【提问题】告诉 AI 要帮我干什么。

【列要求】告诉 AI，它的回答需要注意什么，或者你想让它以什么形式来回复你。

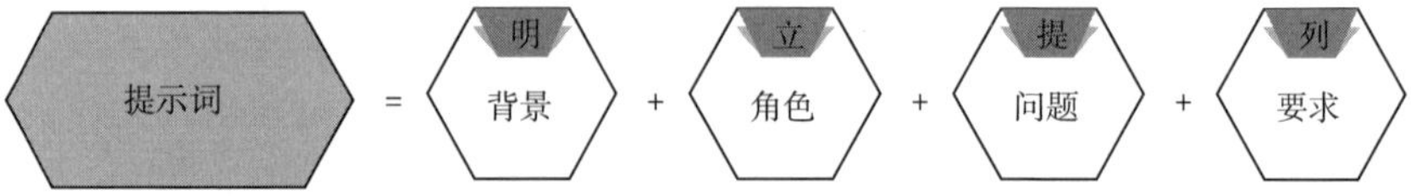

提示词模板

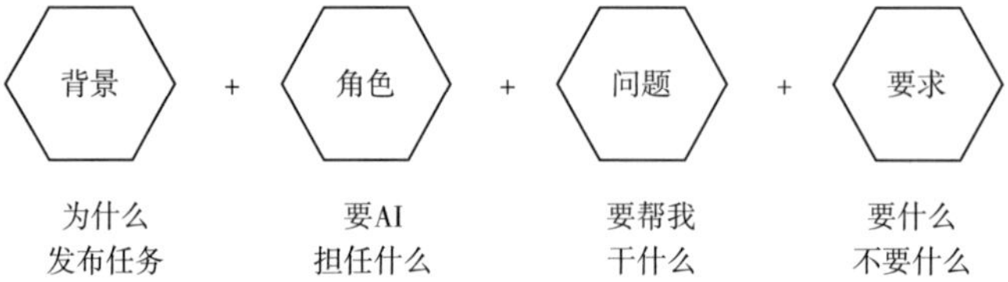

提示词含义

当然，这套模板感觉比较复杂，但是，它操作起来却是无比简单。

这里不妨还拿前面那个【体制品牌】的案例来举例，那把这个公式带入一个真实的应用场景：

人：近两年经济不景气，很多人进入体制寻求一份稳定，现在我需要在公众号上写一篇关于体制内个人品牌的文章，请你担任我的标题写作创意顾问，写出 5 个可选的爆款标题，要求吸引眼球，能让读者产生共鸣，并结合实际工作场景。

提示词结构	具体内容
背景	近两年经济不景气，很多人进入体制寻求一份稳定，现在我需要在公众号上写一篇关于体制内个人品牌的文章
角色	请你担任我的标题写作创意顾问
问题	写出 5 个可选的爆款标题
要求	吸引眼球，能让读者产生共鸣，并结合实际工作场景

关于这套模板需要注意两点：

（1）四个元素顺序并非固定，是可以调整的，有时候我会把背景放在角色之后表述，不影响 AI 的理解。

（2）四个元素并非都是必须，其中问题和要求是核心，有一些很简单的问题，背景与角色是可以省略。

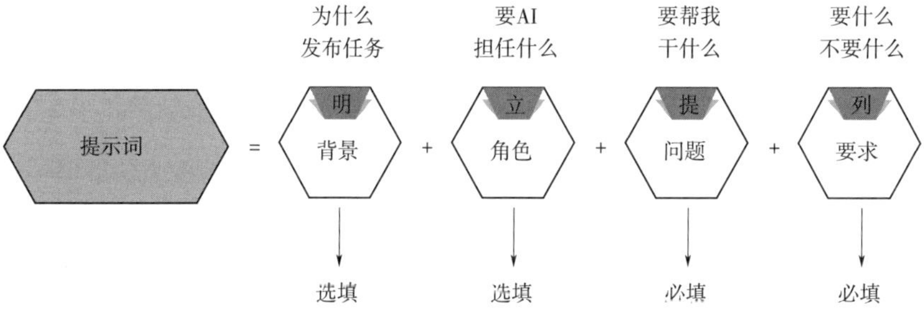

提示词详解

下面来逐个详细讲解一下这套模板的使用。

（一）明背景

背景是给 AI 模型提供必要的上下文信息，通过设定特定的条件、场景或限制，让 AI 能够理解任务背景，进而给出更贴切、更有针对性的回应。这一过程类似于电影开篇的旁白，简洁明了地勾勒故事背景，为后续情节铺垫。

好的案例：有上下文背景信息。

问："人工智能技术，特别是机器学习和深度学习，近年来在医疗领域有了广泛的应用。通过分析大量医疗数据，这些技术已经在疾病预测、医学影像分析、个性化治疗等方面展现出巨大的潜力【背景】。请详细说明机器学习和深度学习如何具体应用于医疗领域，并举例说明它们如何帮助医生做出更精确的决策。"

坏的案例：没有上下文背景信息。

问："请详细说明机器学习和深度学习如何具体应用于医疗领域，

并举例说明它们如何帮助医生做出更精确的决策。”

（二）立角色

为什么这里要加上一个【立角色】的动作，这个动作是不是有些多此一举，直接上提问，不是更干脆直接吗？

通过为 AI 指定一个特定的身份，可以为其提供一个明确的语境。这有助于 AI 更好地理解用户的问题或请求，并生成与这个身份相符的回应。例如，如果指定 AI 扮演一个心理学家，那么它的回答可能会更加侧重于心理分析和建议。

如果问题需要一定深度，想要得到更专业的回答，最好给它赋予一个专业身份。也就是说，专家角色可以帮助 AI 指定场景，清晰问题范围，以及补充问题所需的背景信息。

因为一个领域的专家，本身就代表某个领域的知识体系，以及最高的行业标准。

那么该如何为它叠加上这个“增益”呢？

其实思路很简单，经过测试，用以下这几个提示词都可以：

你现在是 [× ×]

请你扮演 [× ×]

假如你是 [× ×]

请你以 [× ×] 的角度 / 身份 / 语气……

根据实操经验，这些提示词，都可以被 AI 所接受和理解，这里只需要选一种最符合你的语言习惯的表达风格就行了。

更多尝试使用扮演角色的前置口令集，关注公众号“笔戈匠”，输入关键词“角色”。

（三）提问题

有时候单纯地告诉 AI 你要做什么，它的回答与你所想会有一定差距，就是因为你没有投喂给它足够的参考信息。

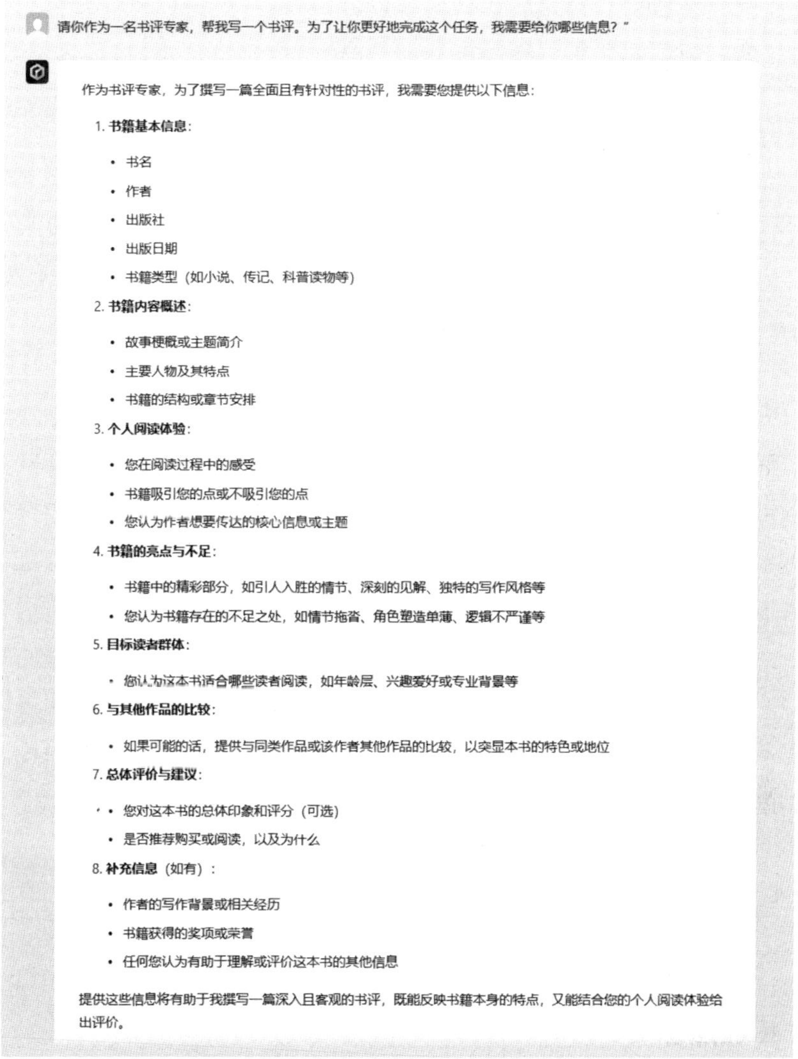

请你作为一名书评专家，帮我写一个书评。为了让你更好地完成这个任务，我需要给你哪些信息？”

作为书评专家，为了撰写一篇全面且有针对性的书评，我需要您提供以下信息：

1. **书籍基本信息**：
   - 书名
   - 作者
   - 出版社
   - 出版日期
   - 书籍类型（如小说、传记、科普读物等）
2. **书籍内容概述**：
   - 故事梗概或主题简介
   - 主要人物及其特点
   - 书籍的结构或章节安排
3. **个人阅读体验**：
   - 您在阅读过程中的感受
   - 书籍吸引您的点或不吸引您的点
   - 您认为作者想要传达的核心信息或主题
4. **书籍的亮点与不足**：
   - 书籍中的精彩部分，如引人入胜的情节、深刻的见解、独特的写作风格等
   - 您认为书籍存在的不足之处，如情节拖沓、角色塑造单薄、逻辑不严谨等
5. **目标读者群体**：
   - 您认为这本书适合哪些读者阅读，如年龄层、兴趣爱好或专业背景等
6. **与其他作品的比较**：
   - 如果可能的话，提供与同类作品或该作者其他作品的比较，以突显本书的特色或地位
7. **总体评价与建议**：
   - 您对这本书的总体印象和评分（可选）
   - 是否推荐购买或阅读，以及为什么
8. **补充信息**（如有）：
   - 作者的写作背景或相关经历
   - 书籍获得的奖项或荣誉
   - 任何您认为有助于理解或评价这本书的其他信息

提供这些信息将有助于我撰写一篇深入且客观的书评，既能反映书籍本身的特点，又能结合您的个人阅读体验给出评价。

询问书评信息

提问题就是要对AI所要处理问题进行清晰描述，通常采用“【根据】+【目标】”的形式。比如，向 AI 发出指令时，可以这样表述：“请依据所提供的参考信息【根据】，写一篇体制内个人品牌的文章【目标】。”这样，AI 就能根据给定的信息，准确地达成目标。

提问题通常分为两种情况：

第一种：有信息，给信息

有具体的信息时，应直接告诉AI。例如，想要一份旅行攻略时，可以这样告诉AI："我要到武汉游玩，你现在是一名导游。我的预算是1万元，旅行人数3人，行程7天【信息】。请依据这些信息，为我制定一份旅行攻略，要求行程不要太紧凑，并推荐文化底蕴深厚的景点，同时标注住宿、景点门票等价格。"

第二种：无信息，问信息

如果你不清楚应该提供哪些参考信息，可以直接询问AI。例如，要写一篇书评，可以这样问："请你作为一名书评专家，帮我写一篇书评。为了让你更好地完成这个任务，我需要给你哪些信息？"

（四）列要求

列要求就是为了清晰且具体说明所期望得到的最终结果或输出内容，包括且不限于回复答案的标准、完成任务所需的步骤、用户对模型输出结果附加的风格要求、格式要求及字数要求等，具体分三种情况：

第一种，如果有明确的要求标准，直接给

例如：

请以小红书的风格，按照以下要求帮我为"积木写作法"写一篇小红书"种草"文案。

内容要求：

（1）要有标题、正文。

（2）标题字数：不超过20个字；尽量简短精炼，要足够吸引眼球，用词浮夸。

（3）正文分段，每段前加表情，醒目标注，层次分明。

（4）不要用"首先、其次、最后"的模式。

（5）整篇文案不要超过300个字。

（6）文章结尾带关键词标签，用 # 号分隔。

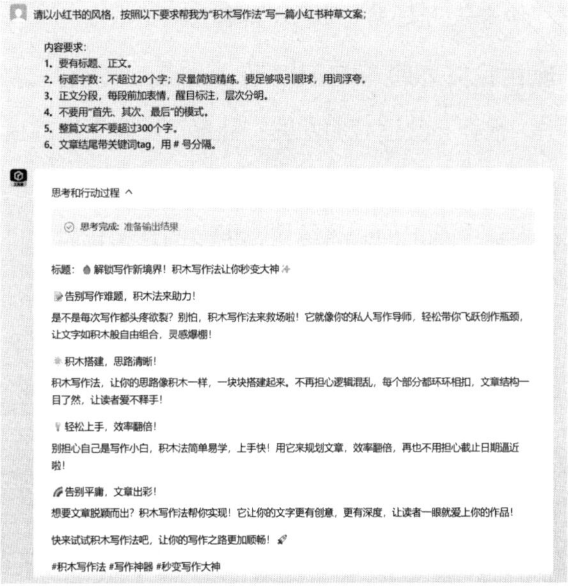
请以小红书的风格，按照以下要求帮我为"积木写作法"写一篇小红书种草文案；

内容要求：
1. 要有标题、正文。
2. 标题字数：不超过20个字；尽量简短精练，要足够吸引眼球，用词浮夸。
3. 正文分段，每段前加表情，醒目标注，层次分明。
4. 不要用"首先、其次、最后"的模式。
5. 整篇文案不要超过300个字。
6. 文章结尾带关键词tag，用 # 号分隔。

思考和行动过程

思考完成：准备输出结果

标题：解锁写作新境界！积木写作法让你秒变大神

告别写作难题，积木法来助力！

是不是每次写作都头疼欲裂？别怕，积木写作法来救场啦！它就像你的私人写作导师，轻松带你飞跃创作瓶颈，让文字如积木般自由组合，灵感爆棚！

积木搭建，思路清晰！

积木写作法，让你的思路像积木一样，一块块搭建起来。不再担心逻辑混乱，每个部分都环环相扣，文章结构一目了然，让读者爱不释手！

轻松上手，效率翻倍！

别担心自己是写作小白，积木法简单易学，上手快！用它来规划文章，效率翻倍，再也不用担心截止日期逼近啦！

告别平庸，文章出彩！

想要文章脱颖而出？积木写作法帮你实现！它让你的文字更有创意，更有深度，让读者一眼就爱上你的作品！

快来试试积木写作法吧，让你的写作之路更加顺畅！

#积木写作法 #写作神器 #秒变写作大神

有标准，给标准

更多要求的标准可以参考下表：

AI 要求清单

维度	说明	举例
框架	材料包含哪几个方面板块	列出不同绩效水平对应的激励措施，包括奖金、晋升、培训等
方法	提供多种方法，得到同一个主题下的不同类型内容	按照以下 5 种方法撰写开场白
步骤	让 AI 按照指定的步骤输出	按照以下步骤进行数据分析，第 × 步
风格	符合 ×× 文体 / 平台的特点	符合日报的要求，符合小红书的风格
格式	整合成一段话；以表格的形式；需要 × 级标题	包含一级和二级标题
人称	用第几人称回复	使用第一人称
参考	附上参考内容	请参考以下内容的风格进行改写
字数	不超过 ×× 字，不少于 ×× 字	不少于 500 字
限制	不要 ××	不要写解释；不要出现小标题

明确要求可以得到更精准答案，如果不清楚要求呢？

第二种：如果没有思路，让 AI 给你参考

例如：现在我需要写一个朋友圈“种草”文案，请你作为一名微信营销高手，推荐一些适合朋友圈“种草”文案套用的模型或者逻辑框架。

除了在模板篇中给出的一些结构，更多的结构化表达口令，请关注公众号“笔戈匠”，回复“结构化”。

如果不是很满意 AI 生成的结果或者自己对要求描述不清楚，可以给出案例，用案例矫正偏差。

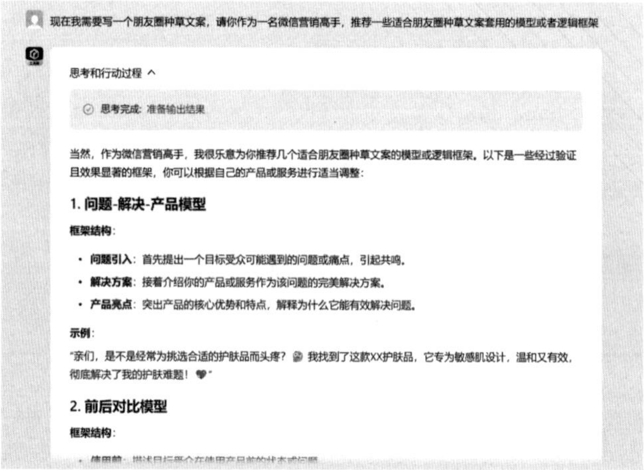

没标准，问标准

第三种：给 AI 提供参考案例

这里就充分用到信息积木了，可以给 AI 投喂案例，比如我在标题篇搜集了很多标题。

问：请你作为新媒体写作大师，根据我提供的一些标题，总结一下写这类标题的方法和底层逻辑。

标题如下：

（1）《这 9 个细节告诉你，身边的人谁最靠谱》。

（2）《私房 3 招如何在视频号卖出你的前 100 件商品》。

（3）《比 ×× 还猛的中国手机，是如何做到非洲第一，世界第四的》。

（4）《30 块钱治好了折磨我 10 年的脚气》。

（5）《自己摸索学会写文案需 5 年，现在只需 2 天》。

（6）《那个经常旷课的同学，去年挣了 1000 万》。

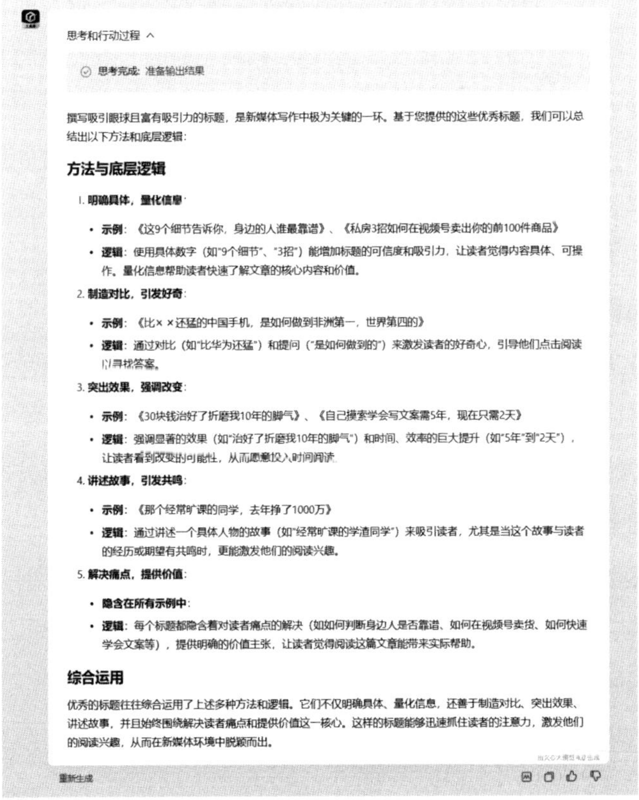

思考和行动过程 ^

思考完成：准备输出结果

撰写吸引眼球且富有吸引力的标题，是新媒体写作中极为关键的一环。基于您提供的这些优秀标题，我们可以总结出以下方法和底层逻辑：

方法与底层逻辑

1. **明确具体，量化信息**：
   - **示例**：《这9个细节告诉你，身边的人谁最靠谱》、《私房3招如何在视频号卖出你的前100件商品》
   - **逻辑**：使用具体数字（如"9个细节"、"3招"）能增加标题的可信度和吸引力，让读者觉得内容具体、可操作。量化信息帮助读者快速了解文章的核心内容和价值。
2. **制造对比，引发好奇**：
   - **示例**：《比× ×还猛的中国手机，是如何做到非洲第一，世界第四的》
   - **逻辑**：通过对比（如"比华为还猛"）和提问（"是如何做到的"）来激发读者的好奇心，引导他们点击阅读以寻找答案。
3. **突出效果，强调改变**：
   - **示例**：《30块钱治好了折磨我10年的脚气》、《自己摸索学会写文案需5年，现在只需2天》
   - **逻辑**：强调显著的效果（如"治好了折磨我10年的脚气"）和时间、效率的巨大提升（如"5年"到"2天"），让读者看到改变的可能性，从而愿意投入时间阅读。
4. **讲述故事，引发共鸣**：
   - **示例**：《那个经常旷课的同学，去年挣了1000万》
   - **逻辑**：通过讲述一个具体人物的故事（如"经常旷课的学渣同学"）来吸引读者，尤其是当这个故事与读者的经历或期望有共鸣时，更能激发他们的阅读兴趣。
5. **解决痛点，提供价值**：
   - **隐含在所有示例中**：
   - **逻辑**：每个标题都隐含着对读者痛点的解决（如如何判断身边人是否靠谱、如何在视频号卖货、如何快速学会文案等），提供明确的价值主张，让读者觉得阅读这篇文章能带来实际帮助。

综合运用

优秀的标题往往综合运用了上述多种方法和逻辑。它们不仅明确具体、量化信息，还善于制造对比、突出效果、讲述故事，并且始终围绕解决读者痛点和提供价值这一核心。这样的标题能够迅速抓住读者的注意力，激发他们的阅读兴趣，从而在新媒体环境中脱颖而出。

重新生成

不确定，搜标准

AI 提炼出的这些方法和底层逻辑，下次就可作为要求进行使用。

前面三种情况，可以用三句话总结：

第一，有标准，给标准。有明确的要求标准时，给 AI 标准。

第二，没标准，问标准。不了解标准时，就问 AI 标准。

第三，不确定，搜标准。当你不清楚标准，又不相信或者不满意 AI 给的标准，去搜索、借鉴市面上优秀的案例，喂给 AI，总结出新的标准。

进一步凝结成一句话：有就给，没有就问，不确定你就搜。

这套写提示词的思路是通用的，几乎所有的场景都可以用这套方法来为其设计提示词，一般 AI 给的答案都不会太差。

当然，以上是一套标准的 SOP（标准作业程序）模板，如果问题需求非常简单，是不需要全部按照这一套来的，对于一些简单的问题，直接问就行了。

所以，要记得：方法不要用死了，要根据实际场景需求灵活变化。

二、有效反馈

前面说了，要想 AI 用得好，除了会问，还要会引导。

AI 之所以强大，关键在于其运用了思维链技术，这使得它能够进行多轮对话，并深刻理解、结合上下文语境。

简单来说，有了这项技术，AI 就能“记住”之前的聊天内容，并在此基础上，给出贴切的回应，就像人与人之间的自然交流一样。

既然 AI 有这样的机制，就可以通过不断地为其提供数据和发出指令来训练它。再通过给予反馈来引导 AI，从而获得更加具体、有深度、有价值的回答或其他想要的效果。

要实现这一切，只需掌握两种核心指令。

第一种指令，优化指令

根据目的，分为不同类型。

1. 继续

输入“继续”，让对话更完整。简单的两个字，能帮你突破 AI 的输出限制，充分挖掘 AI 的回答潜力。

AI 大模型训练成本高昂，因此各大 AI 厂商都会控制输出篇幅，简化内容。例如，文心一言 4.0 版本输出语符是 2K（约等于两千个汉字），超出部分会被截断。

内容被截断或简化，可能让你觉得信息不足或深度不够。这时，输入“继续”，就能让 AI 继续回答，补充完整内容，或对未详尽之处深入展开。

简而言之，“继续”指令，让 AI 把话说完，把事说透。

2. 追问

对答案中某个点不够满意，可以进一步优化答案，例如：

现在需要设计一门“积木写作法的课程”，请你作为一名新媒体写作的培训老师，列出课程提纲和内容。

要求如下：

（1）每节课时长不超过 10 分钟，确保课程紧凑而高效。

（2）课程主要针对成年人、副业从事者、写作爱好者、新媒体作者等受众。

（3）课程内容符合新媒体写作领域的最新趋势和热点。

提问

如果对第二节有疑义，接着追问：请具体介绍第二节。

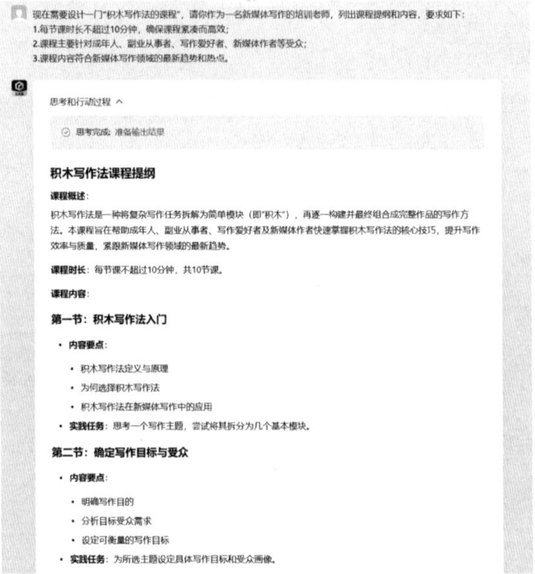

追问

继续追问：请讲解一下第二点第二小点“设定可衡量的目标”，并列举一个案例进行说明。

可以像俄罗斯套娃一样，对它进行持续的追问深挖。在追问的过程中，也可以把前面的【列要求】的提示词给用上，比如：

（1）请用小孩子都能听懂的例子进行解释。

（2）请提供不少于 5 个例子。

（3）请从 ×× 领域里选例子。

（4）请对 ×× 进行扩写。

（5）请你用活泼口语化的方式进行回答。

…………

通过持续对这个大纲里面的内容进行追问，不停套娃，最后再把每一个点追问的结果填充到最初的大框架中，这样你就可以得到一篇基本完全属于 AI 所生成的课件内容了。

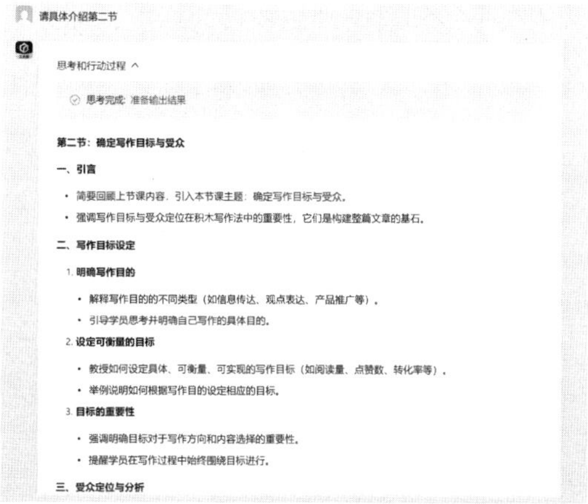

继续追问

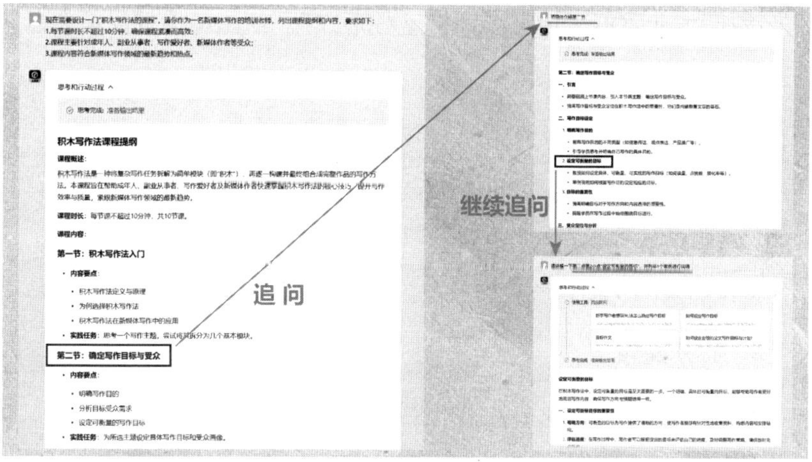

层次化引导

最后要做的，只是把 AI 所生成的语言换成自己的语言风格，做好逻辑的拼接，以及最后的润色，然后就可以讲课了，而且这种方式也可以用于写书，嗯，就是这么厉害。

第二种指令：奖惩指令

所谓“奖惩指令”的作用和调教原理很好理解，就像是父母教育孩子一样。

如果父母希望孩子达到自己理想的行为标准，那么就需要对孩子进行教育。如果孩子做得好，父母就需要及时夸奖，鼓励他变得更好；而如果孩子做得差劲，父母就需要对他进行惩罚，让孩子知道底线。

通过这样不断的“棒槌 + 奖励”反复纠正，孩子自然就会形成一套我们所期望的行为标准。

所以，基于神经网络的 AI 具备思维链的能力，那么提问者当然也可以按照教育孩子的这种思路，让 AI 变得越来越听话。

可以把 AI 当作一个很聪明但不谙世事的小孩。

1. 语言反馈

对于这些 AI 生成的内容，碰到符合要求的地方，我就会用肯定词汇，比如：“非常好，请继续保持这种形式”。给出明确的反馈才能知道回复的结果是否达到预期。

如果你对 AI 的回答满意，请不要吝啬你的夸奖。

对于不符合要求的地方，我就会用否定词汇，比方说：“不对，你错了，请重新，要求 ×××。”一般 AI 马上道歉，并纠正其错误。

提供明确的正面或者负面反馈，能帮助 AI 更好地了解要求。

2. 打分反馈

直接向 AI 输入一段话，引入奖励函数。

提示词：为了让你进一步理解我的要求，我会引入一个奖励函数来评估你的回答是否有帮助，分值从 0 分到 10 分，分数越小表示越不满意，分数越大表示越满意。

如果你的回答非常有帮助，我可能会给你一个 9 分的高分。如果你的回答没有解决我的问题，我可能会给你 2 分的低分。

如果你了解我的要求，请用你的话复述一遍。

3. 点赞反馈

AI 的回答附近有一个拇指图标，可以直接点赞或者表示不同意。

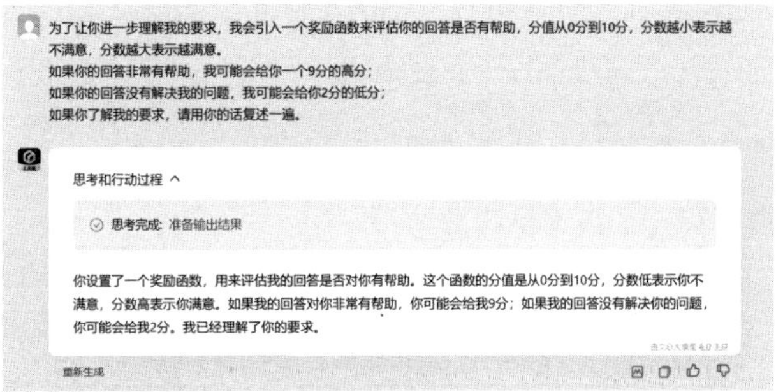

奖励函数

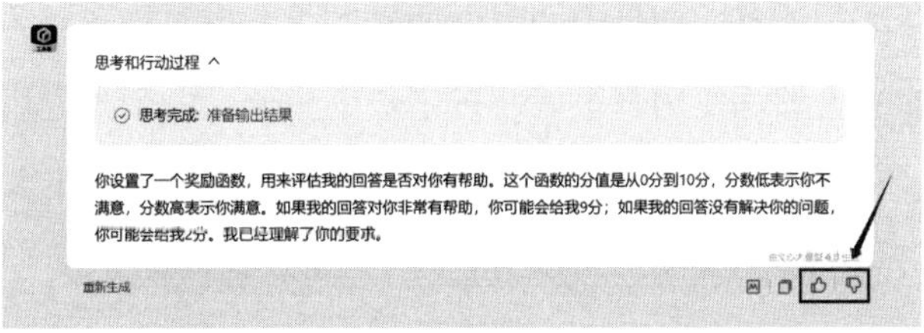

点赞

在训练的过程中，对符合要求的地方进行鼓励，对不符合要求的地方进行惩罚。

最后通过来回奖惩，AI 就会达到理想的行为标准，生成符合自己想要的内容的能力，成为工作中某个场景下的长期助手。

三、人为把关

虽然说该指令可以让 AI 的回答更加丰富多彩，但是受制于语言传递信息的局限性，AI 的每一次回答，可能并不总是如意，甚至聊着聊着还有跑偏的现象发生。这样，就会在想要效果时，出现很多麻烦。

面对这种情况，当然就需要人为干预。

（一）AI 生成结果不及预期

当然，不能对 AI 生成的结果不做甄别，拿来即用，仍然要对结果进行一个判断。如果 AI 的回答还可以，你可以让它继续优化。如果离所想差距很大，还可以让 AI 重写或者再写几个版本供你选择。例如：

（1）你的回答不好，请重写……

（2）请再写 3 个版本供我参考……

（二）AI 出现遗忘或者记忆错乱

AI 虽然是人工智能，但它也有自己的记忆容量，不同 AI 公司给每个人的 AI 记忆其实是有上限的，和它的对话轮数一多，它就会忘记前面的一些标准；还有，如果中间时间间隔太长，也可能对它的记忆造成影响，比如今天训练使用都很好，过了一个星期、一个月之后，再打开这个对话，它的记忆可能就会出现错乱的问题。有三种解决方法：

1. 回忆挽留

如果 AI 忘记了你的要求，重复一下帮帮 AI，把遗忘的要求重新提醒，例如：

你忘记了我前面提的一些要求，现在重新整合一下，来帮助你理解。要求如下：

（1）每节课时长不超过 10 分钟，确保课程紧凑而高效。

（2）课程主要针对成年人、副业从事者、写作爱好者、新媒体作者等受众。

（3）课程内容符合新媒体写作领域的最新趋势和热点。

2. 失忆重来

找到前面 AI 的高分回答，点击“编辑”，然后复制保存，直接作为下一次的提示词输入。

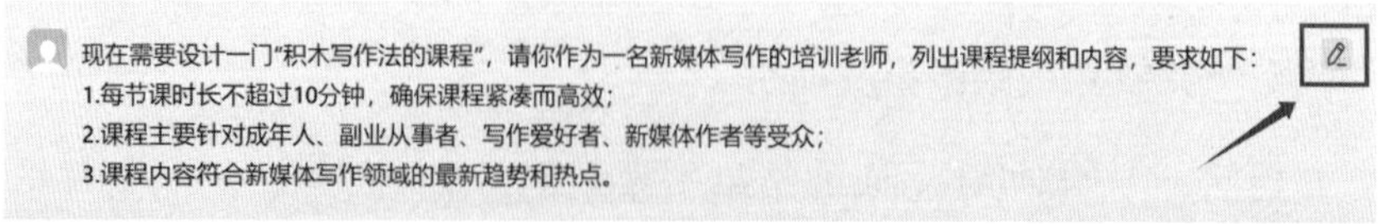

编辑按钮

3. 重新开始

AI 具有强大的多轮对话，以及联系上下文的能力。如果我们在同一个对话框内穿插多个不同的话题场景，那么 AI 的回答就有可能受到前面内容的影响，而出现乱答的情况。

所以，在与 AI 的互动中，如果想在一个对话框内问多个不同的话题，那么建议在一个新话题开启时，初始化一下 AI。

也就是把前面的对话清空后再开始新的话题，这样就可以避免 AI 的回答受前面内容的干扰。

具体重置 AI 提示词的操作是这样的：请忽略前面所有的对话内容，重新开始回答我接下来的所有问题。

还有一个一劳永逸的办法就是重启新对话。

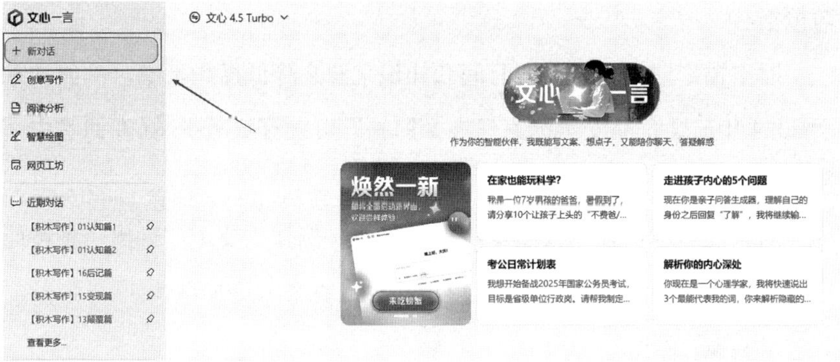

重启对话

（三）AI 结果出现幻觉

AI 幻觉是指 AI 模型生成的内容看似合理但实际上错误或虚假的现象。简单来说，就是 AI“编造”了一些看似可信但实际上不存在或不准确的信息。

例如，当被问及“儿童能否长期饮用碳酸饮料”时，AI 可能回答“碳酸饮料含二氧化碳，能促进消化，适量饮用有益健康”，却忽略了碳酸饮料中的高糖分和酸性成分对儿童牙齿及骨骼发育的潜在危害。

那如何减缓 AI 出现幻觉呢，这里提供四个方法供你选择：包括 RAG 框架、提示词工程、双 AI 验证和联网搜索等。

1. RAG（retrieval-augmented-generation）框架

RAG 框架是一种通过检索增强生成内容准确性的方法。它首先从大量相关文档中检索与问题相关的信息，然后基于这些信息生成答案。这种方法确保了生成内容的准确性和可靠性，有效降低了 AI 幻觉的发生率。

2. 提示词工程

提示词工程是一种通过优化提示词来减少 AI 幻觉的方法。具体技巧包括：

时空锚定法：通过限定时间和知识来源来降低虚构概率。例如，“基于 2024 年前《食品安全国家标准》回答”可以有效减少 AI 在回答中编造信息的可能性。

对抗性提示：强制模型暴露推理漏洞。例如，要求“列出三种可能导致答案错误的假设”，从而让模型在生成答案时更加谨慎。

3. 双 AI 验证

双 AI 验证是指使用另一个 AI 模型来审查和验证 AI 生成的内容。例如，可以用文心一言审查 DeepSeek 生成的《红楼梦》解析，成功识别“贾宝玉与林黛玉在太虚幻境成婚”为虚构情节。

4. 联网搜索

通过联网搜索有出处和源头的信息，可以有效地降低事实性的错误和幻觉。当 AI 在回答问题时，如果能够参考最新的、权威的信息源，就能减少因知识截止或信息不准确导致的幻觉。

第三节　AI 狂飙，如何借力跃迁

到这里已讲完使用 AI 的关键三招。但是无论是知识还是技术，还是工具，它们最终都是为了创造实际的生产力而存在的。

如果达不成这个目标，即使你掌握了屠龙术，但是没有龙可屠，那么这个屠龙术也是和你没有任何关系的。

很多朋友愿意使用 AI，也掌握了 AI 的使用方法，却仍然使用频次很低，甚至完全用不起来的核心原因，就是因为没有把 AI 与你所需要的应用场景关联起来。

一、成为行业专家，精准调教私人助理

成为一名行业专家，已经成为基本要求。

会有一些人认为，自己在某个领域，比如营销方面经验不足，AI 能补足这方面的经验，让自己成为营销大师，自己就能接咨询了，这是一种误区。

因为工具只是一个辅助，工具的使用高度依赖自身的行业经验，自身的行业知识体系才是试金石，它没有办法在短时间内让一个 0 经验的小白成为领域高手。

那么营销小白直接用 AI 写营销方面的文章，质量肯定不高，正确率也无法保证，更重要的是，没有经过自己的思考，知识体系永远不会完备。充其量就是将别人的好文用 AI 进行改写，这样做不是不行，但不是追求的目标。

因此，对于写作，要有一定的写作基础，否则训练出来的只是一个通用机器人。

在 AI 本身的基础上，喂给它一些独特的、专属于自己的写作材料，

把它训练成一个属于自己的人工智能，让它能够回答一些更具针对性的问题，满足自己独特的需求。比如，我在写本书时，会将收集的素材当作语料不断投喂，进行对话。

通过精调与微调，完全可能创造出一个专属于某个领域的人工智能助手——只需要把所有的笔记，工作中产生的材料，平时的思考和日记……都喂给它，就可以了。

二、保持独立思考，让渡部分大脑权利

AI 具备极强的总结提炼信息的能力，因此，也许有许多人会放弃自己去阅读、理解和学习，而依赖于 AI 提供结论。但是，过度依赖 AI 给出答案，其实相当于把自己思考的权利让渡给了 AI，放弃了思考的过程。

人类每创造一个工具，便“外包”一个弱点，多一个外挂，自然也让渡一份权利。

这个来自 AI 的警示，我愿意这样理解：一切皆有可能，看我们放弃什么，坚守什么。

因此，对于一个作者而言，至少能肯定的是：不要让渡深度思考与情感表达的权利，这是最后的孤城。

以前，在笔记软件发展的时候，我会让渡一部分记忆、存储的能力给印象笔记，使之成为我的外脑。

现在，随着 AI 的发展，我会让渡一部分思考、创作的能力给 AI，使之成为我的内脑。

自己要牢牢占据大脑深度思考的主阵地，使之成为我们的智脑。

未来更好的形态，可能是“外脑 + 内脑 + 智脑”。我们可以接入公用的外脑，询问客观知识库所存在的一切信息和资料，包括论文、互联网文章、书籍、视频等。

而每个人基于自己所记录的思考和项目实践，可以有一个经过自己

微调和训练的内脑，让它学习自己的生活和思考方式，通过向它提问获得更加私人的、针对自己需求的答案，成为自己的人工智能助手。

三、优化应用场景，融合 AI 创造价值

在电商兴起时，有人曾说过这么一句话：所有生意，都值得用互联网再做一遍。

那么，在 AI 时代，我也想套用同样的话：几乎所有涉及知识的工作方式，都可以用 AI 重构一遍。

也就是说：可以通过反思自己的工作场景，把那些可能被 AI 替代或者辅助的部分，都给梳理出来，然后找到它们和 AI 可以结合的点，把这些点按照前面所讲解的思路，打造标准化的工具或者流程出来。

概括一下就是：梳理自己日常所有的工作轨迹，找到 AI 能干的活，然后把 AI 能干的，一律交给它或者让它辅助自己来做。从而把自己解放出来，去做更有价值、更具有创造力的事情。

以前，写公文的时候，我总结出了一套方法，后来放到电子书、新媒体写作上面，结果发现一样适用，经过不断实践，最终提炼出一套写作方法论：积木写作法。

那么，AI 应用于写作最快的方式就是结合“积木写作法”进行优化升级。下面就是我目前思考的可以使用 AI 的地方。当然，AI 可以使用到方方面面，下面拿最重要的几个点进行讲解。

1. 采装阶段

还记得我们的口诀吗？——建立渠道、善用工具，搜索工具除了传统的搜索引擎之外，推荐使用秘塔 AI 搜索，2024 年初上线，是一款能够深入理解问题的 AI 搜索引擎，没有广告，直达结果。

使用过程非常简单，输入问题，默认选择“全网”“深入”，点击“箭头”或者“回车”即可。例如：请问怎么在体制内打造个人品牌?

除了展示输出结果，它还会生成详细的内容大纲，并能一键转化成“演示文稿”。

除此之外，它还提供了“相关事件”“相关组织”“相关人物”，帮助你从多个角度了解。更厉害的一点是与论文类似，它会提供信息来源，你可以点击任意一条进行查看，既保证了内容的可靠性，又增加了相关度。

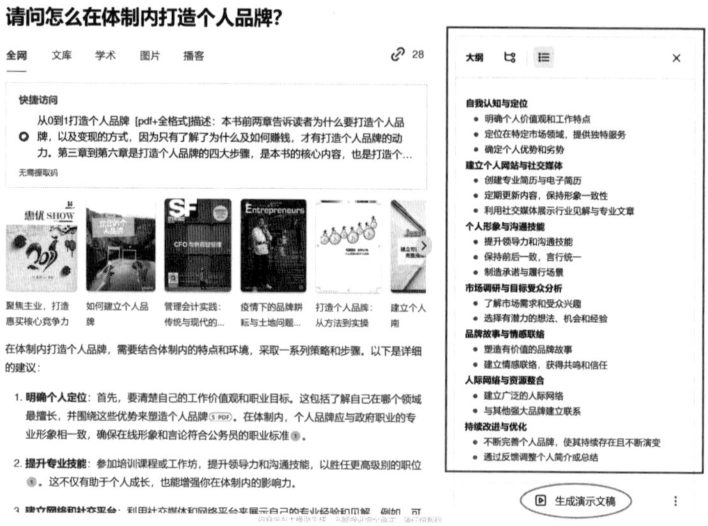

输出大纲

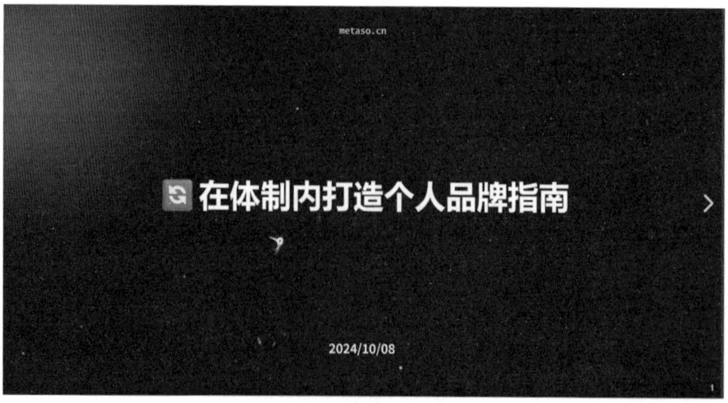

生成演示文稿

来源

1. 师亦友：打造成功的公务员职业规划路径 - 知乎
2. PDF 如何建立个人品牌
3. PDF 建立个人品牌指南. JESSIE LAB.
4. PDF COMITE OF SCIENCE AND HIGHER SCHOOLS. SAINT-PETERSBURG UNIVERSITY OF MANAGEMENT AND ECONOMICS. [2011-12-31]
5. PDF 聚焦主业，打造惠买核心竞争力. 惠买CEO杜瑞勇. [2017-01-01]
6. Word 个人品牌塑造指南
7. PDF 发现你的个人品牌：打造卓越的个人形象和职业发展
8. PDF 疫情下的品牌耕耘与土地问题解决方案. 黄伟鸿. [2021-01-01]
9. PDF 管理会计实践：传统与现代的对比
10. PDF 打造个人品牌：从方法到实操 [2023-06-08]
11. 如何建立（或提升）个人品牌？个人品牌 包括哪些重要要素？注意事项？ - 知乎
12. 什么是个人品牌？建立个人品牌的7个步骤! - 知乎专栏
13. 如何在工作中建立个人品牌？ - 知乎专栏
14. 个人品牌：如何在职场中建立和维护个人品牌 - 知乎 [2024-01-28]
15. 在职场中，如何打造个人品牌？ - 知乎
16. 这7个技巧，帮助你成功塑造个人品牌 - Canva可画
17. 医生如何打造个人品牌 - 陈昌文老板社群
18. 一人公司极简赚钱指南：如何一步步打造值钱的个人品牌
19. 深圳：实施公务员素质培养"雏鹰计划" 递进式提升 全周期管理 [2023-02-08]
20. 机关干部穿衣那些事儿：史上最全的机关干部着装法则_腾讯新闻

文献来源

在秘塔 AI 搜索中，可以搜这些内容：

（1）搜事件，了解事件来龙去脉。

（2）搜知识点，建立知识体系。

（3）搜案例，拓宽视野。

（4）搜教程，成为学习高手。

（5）搜文件，快速搜集资料。

（6）搜攻略，化身出行达人。

（7）搜商品，了解价格与性能。

（8）搜书评，快速了解书籍内容。

（9）搜文献，快速搜集学术论文。

（10）搜播客，获取专家观点。

2. 封装阶段

在封装的过程中，最重要的一个概念是信息积木，不同的信息积木有不同的处理方法，灵感积木可以不用处理，知识积木需要提问，这恰恰是AI的强项。

在寻找不同观点的时候，这里你可以使用“充当谬误发现者”这个命令模块，它可以从不同角度帮你分析观点，很好用，比如观点：体制内的每一个人，都需要打造个人品牌。

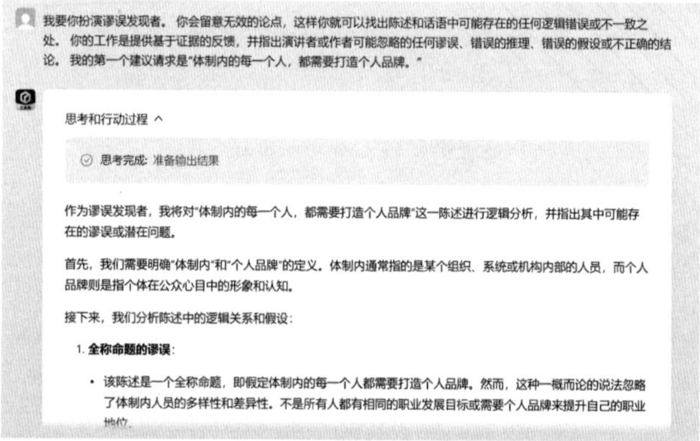

谬误发现者

素材积木需要改编，这个更是AI的强项了，你可以输入改编命令：“请将提供的文本改编成 ****”

如果觉得不用改编，想做“伪原创”，那不要写“伪原创或者请保持文本意思不变，逻辑不变，换其中的一些多义词……”的描述，可以直接说“请针对我输入的文本做文本重写处理”。

3. 拼装阶段

在“读者模式”中，根据我以往的经验，大家觉得困难的往往是第二点“把握读者需求”，AI就能帮助我们解决。

例如：你是一名个人品牌顾问，请问体制内的人对于打造个人品牌，他们关注什么，他们的痛点是什么，他们想得到的是什么？

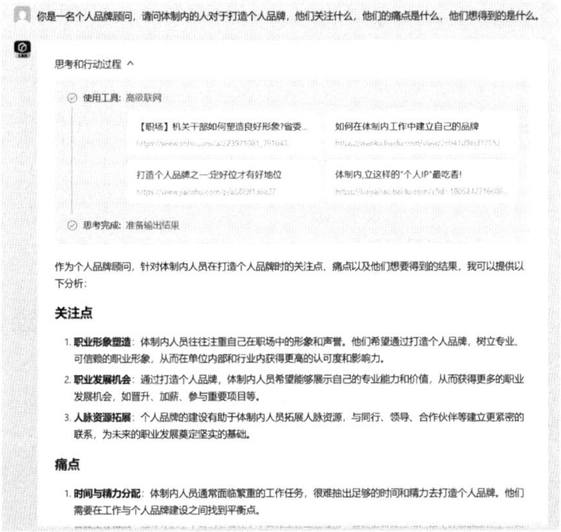

读者需求

在写作环节，可以直接让 AI 根据提供的信息积木和模板进行拼装，例如：你是一名个人品牌顾问，请围绕“体制内如何打造个人品牌”这个主题，根据所收集的信息积木，采取“是什么、为什么、怎么做”的结构，写一篇文章，要求 1200 字左右。

4. 优装阶段

在进入优装阶段的过程中，常常会遇到需要在不同平台上发布作品的情况。由于各个平台对内容格式的要求不尽相同，为了确保作品在不同平台上都能呈现出最佳效果，采用一种通用且易于转换的格式显得尤为重要。这时，Markdown 格式便成了一个理想的选择。它不仅简洁易读，而且兼容性极强，几乎可以在所有主流平台上使用。

使用 Markdown 格式其实非常简单，只需在 AI 大模型中加入一句关键词：“请用 Markdown 格式输出。”这样，模型便会自动将生成的内容转换为 Markdown 格式，方便后续在不同平台上的发布和编辑。

此外，这里再补充一个小技巧。如果你想把已经编辑好的 Markdown 格式的文档还原成普通文档，或者进行其他格式的转换，可以借助

toolonline 这款网页工具。它不仅支持代码转化，还提供了很多其他实用的功能，比如文本编辑、格式调整等。你可以亲自去试试，相信它会给你带来不少便利。

toolonline 网页工具

详细 AI 文章可以关注公众号“笔戈匠”，输入“体制品牌”即可阅读全文，还可以与我本人写的版本进行对比。

更多关于 AI 的使用技巧，也放在公众号上了。在 AI 这条道路上，我一直在学习、实践、迭代，是国内最早一批成为高级 AI 提示词工程师、高级 AI 艺术设计师的人，希望能够成为你的良师益友，帮助你越过技术的鸿沟，立于潮头之上！

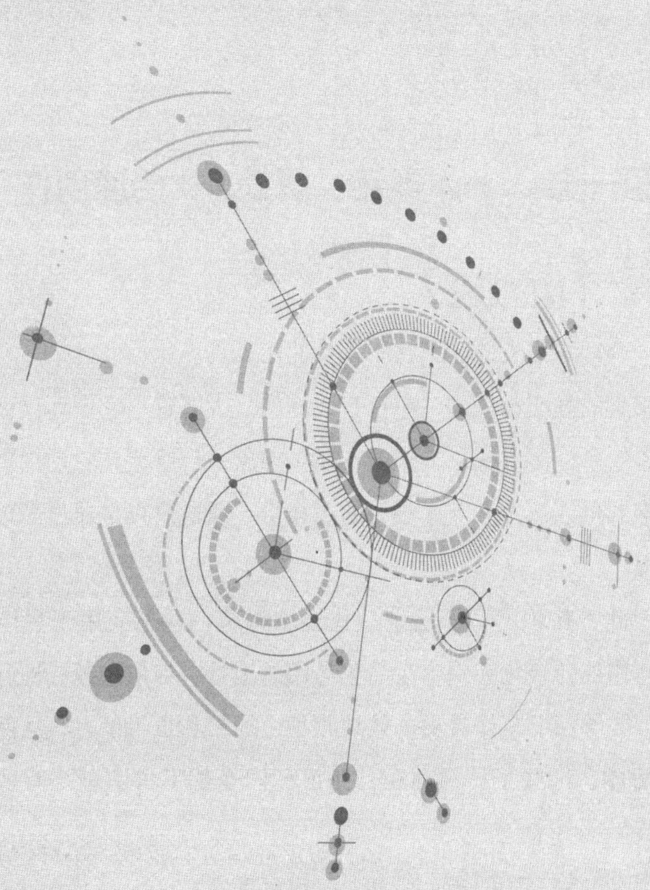

第十四章

进化：在高维度碾压对手的绝招

假舆马者，非利足也，而致千里；假舟楫者，非能水也，而绝江河。君子生非异也，善假于物也。

——荀子《劝学》

第一节　一体多元：解锁 10 倍速创作引擎

一、工具的力量

人和动物最大的区别在于人会使用工具。

工具的发明与使用，象征着文明的巨大跃进。它们不仅极大地提升了工作效率，更改变了工作的本质。想象一台巨型斗轮挖掘机，其一小时的挖掘量堪比万名工人一天的工作量，而这仅仅是通过简单的按钮操作实现。

因此，在积木写作法中，我尝试将这一理念应用于写作过程。通过将写作技巧转化为一个个简单易用的工具，如信息锤、提问铲、积木盒等，能够帮助写作者更高效地收集、加工和重组信息，从而轻松驾驭各种文体。这些工具的存在，使得写作变得不再困难，而是成为一种享受。

现在，问一个问题：弓和弩有没有区别？

弓和弩，两者都是射击工具，但背后却代表着不同的时代和技术进步。有人可能会说，弩比弓射得更远、更快，但这并不是它们之间的核心区别。

弓，代表了一个人的技能、眼力和体力的结合。使用弓需要高超的瞄准技巧，而这需要长时间的训练和经验积累。此外，拉满弓弦需要强大的臂力，这也是为何成为神箭手需要多年的努力。而这一切，都建立在个人技能的基础上。

弩，则是一个技术革新的产物。它不再完全依赖个人的体力和技能，而是利用机械原理来增强射击效果。无论是通过脚蹬还是人力推动，弩都能轻松达到弓所无法比拟的射程和速度。更重要的是，弩的使用门槛较低，不需要长时间训练，普通人也能发挥出强大的战斗力。

更为先进的是，有些弩甚至可以直接绑在大车上，这个的杀伤效果比拉满弓射箭的效果要强百倍，而且练臂力可能需要练十年，而弩机一天都不用练，找匹马一拉，比十个人的臂力还要强，同时还可以一次发射多支箭，只要找对大致方向，就可以杀敌无数，这样一来，瞄准的问题也解决了。

弩的出现会导致什么结果？任何一个普通人训练两天，就能达到一个神箭手的水平，甚至能超越神箭手的水平，这就是工具的作用。

写作也是如此。许多人觉得写作难、慢，除了缺乏一套完整的写作方法论之外，更重要的是缺乏足够多的工具去解决写作中遇到的问题。就像弓与弩的转变一样，我们需要不断地更新和升级我们的写作工具和方法论，以适应时代的发展和变化。只有这样，我们才能在这个信息爆炸的时代中脱颖而出成为一名优秀的写作者。

一、拥抱信息化时代的写作工具

很多人写作还是喜欢使用 Word 或 WPS 等文档写作工具，有的人或许还保留纸质写作的习惯，我并不反对，但即使写了，也要转移至一些更有效率的写作工具，比如笔记软件、思维导图、ChatGPT 等。

这样说的原因很简单，因为文档写作或纸质写作对比我们的笔记软件，真的太不方便，效率太低了，可以说我们写作数量越多，这个不方便的程度就越明显。

那么这个不方便主要是体现在四点：

1. 发布不方便

这一点其实很好理解，写新媒体文章，是要在平台上发布的，你用办公软件写作时，需要一边写，一边考虑排版，这会频繁分散你的注意力，这些文档的排版功能体验不太好，有待提升的空间很大；这些文档或后台写的文章，就算花费了很大力气做出了满意的排版，也很难同时将其分发到其他平台，也不能保留原有的排版。

而很多笔记软件自带Markdown编辑器，可以让写作者专注于写作，没有任何干扰，它使用的是轻量级标记语言，有通用的标准、固定的符号，代表了固定的排版格式，不管在哪个平台，排版格式显示都是一样的。

2. 形式不丰富

新媒体写作不比从前的写作，承载人类智慧的载体并不是只有文字，除了文字外，它还可以是图片、视频、音频、高级表格、大纲等多种更直观、更清晰的形式。

这就需要利用各种搜索工具去采集各种形式的信息，利用转换工具实现文字、音频、视频之间的转换，让内容活起来，展现出更强大的可视、可听化效果。

3. 查询不便捷

关于这一点就更好理解了，你突然想起以前写作的一段话，想重新使用，结果要面对成百上千个Word文档，然后一个一个打开……

但是在电子笔记的载体之下，这些就都不是问题，只要做好标题和标签，可以利用云同步技术，随时在手机、电脑等设备中调用笔记内容。

4. 分享不自由

这一点也很好理解，现在是信息时代，在日常的工作、学习、生活等场景中，会有大量与人协作的需求，也需要经常把写作成果分享出去。

那么对于笔记软件，需要分享的时候直接甩过去一个链接即可。对于文档的协同和分享该怎么办呢？还是用发邮件、发微信的方式进行分享吗？

好了，这里之所以啰里啰唆说这么多，就想传达这么一个理念：现在是信息化时代，一定要运用更好、更合适的写作工具来帮助自己创作。否则后面的方法论，能在自己手上发挥的威力极小。

一个人再努力奔跑，也赶不上飞机与高铁的速度，这是工具带来的赋能。

三、选择最适合自己的工具方案

在探索写作工具的道路上，经常会遇到两种截然不同的选择：一体化工具和多元化工具。那么，如何在这两者之间找到最佳的平衡点？

一体化工具的理念在于"大而全"，试图通过集成多种功能来满足用户的不同需求。正如《如何有效整理信息》这本书所说的："因为所有写作功能都在一个软件上，所以可以大量减少我们在多个软件、多个载体来倒数据、切换数据的折腾成本。"

然而，一体化工具往往难以在各个方面都做到出色，因为它们的功能众多，很难在所有方面都做到尽善尽美。

相比之下，多元化工具则强调"小而美"，它们专注于某一特定领域，通过提供精细化的功能来满足用户的需求。多元化工具的优势在于它们可以针对某一特定任务进行优化，从而提供更好的使用体验。然而，这也意味着用户需要在使用不同工具之间进行切换，这可能会增加一定的操作成本。

就拿积木写作法来说，加工和拼装信息积木的流程，一定要放到一个载体工具上进行，如果我们的信息积木在各个软件上散落得到处都是，这对于积木写作法而言是毫无价值的。

那么，如何在一体化和多元化之间找到平衡呢？关键在于理解这两种工具的优势和劣势，并根据自己的实际需求进行灵活选择。

世上没有完美的工具，却可以有完美的工具组合。

对于需要深度整合和管理的核心写作流程，可以选择一体化工具来提高效率。例如，选择一个功能全面的写作软件作为自己的中枢工具，负责整合和管理写作内容。

然而，对于一些辅助性的任务，如搜索资料、制作思维导图等，可以选择多元化工具来提供更丰富的功能和更好的使用体验。这些工具可以作为多元化工具，与一体化工具协同工作，共同支持写作过程。

通过这种方式，可以实现一体化与多元化的融合。既可以利用一体化工具提供的统一平台来简化工作流程，又可以利用多元化工具提供的精细化功能来提升工作效率和体验。

第二节　工具驱动：打造你的专属写作武器库

确定了“一体多元”的写作工具方案：一体化工具 + 多元化工具，接下来就要分别找到适合方案的软件，打造一个独特的工具箱。

一、一体化工具

一体化工具管理的是核心写作流程，主要是笔记软件。讲到这里，你可能会有一个问题跳了出来：市面上的笔记软件已经多到让人眼晕的地步，面对这么多工具，应该选择用哪一款呢？

想要知道这个问题的答案，就要明白选择一款笔记软件的原则是什么？

在我的眼里三个关键词就是：秩序、同步和容灾。

第一个关键词：秩序。

秩序，顾名思义，是指有条理、不混乱的情况。主要就是标题的命名、文件夹的分类、标签的命名和分类等。

第二个关键词：同步。

同步，就是利用网络云存储，对信息实现不同电脑间的同步更新，使其一致化、统一化。

第三个关键词：容灾。

容灾，就是信息的存档和保存、备份，并且通过部署，在“意外”出现后，能迅速恢复。

在这里引入“容灾”的概念，似乎有些沉重了。但对于无价的信息来说，再沉重也远远好过丢失。

在理解了“秩序、同步、容灾”这三个关键词后，现在来探讨一下市场上现有的笔记软件。目前市场上的云笔记软件大致可分为公有云笔记和私有云笔记两大类。

公有云笔记，是指笔记数据和软件厂商的服务器紧密相连，所有的笔记数据都存储在软件厂商的服务器上。例如，有道云笔记、印象笔记、Notion（概念笔记）、Wolai（我来）、FlowUs（息流笔记）等，都是公有云笔记的代表。使用公有云笔记的优点在于其用户友好性和便捷性，无须进行复杂设置，即可直接使用。然而，由于其商业化的本质，自定义功能可能相对较弱，且存在服务器关闭的风险。

私有云笔记则与之不同，它意味着笔记数据完全掌握在自己手中，存储在本地，不依赖于软件厂商的服务器。如思源笔记、OB 等，就是私有云笔记的典型代表。私有云笔记的自定义功能强大，但通常同步和上手成本较高。

公有云与私有云笔记优劣对比

类型	优点	缺点
公有云笔记	这些软件设计得都很人性化，不需要太多折腾，就可以直接使用	它们给用户的自定义功能往往比较弱，而且有厂商关闭服务器的风险
私有云笔记	自定义、可扩展性功能极强，且数据完全为自己所控	一般同步和上手的成本比较高，往往需要耗费很多时间和精力去大量折腾

现在，根据“秩序、同步、容灾”这三个关键词，为不同类型的用户进行推荐。

对于公有云用户，主要推荐那些移动设备使用频繁、数据量不大、希望上手即用的用户。印象笔记作为老牌代表，Flowus 和 Wolai（国外用户可选择 Notion）则是新兴之选。它们支持全平台全场景使用，操作简单易用，免费版本功能基本满足需求。

对于私有云用户，主要推荐那些对笔记软件功能有较高要求、重视数据安全性、电脑使用频繁的重度用户。这里推荐 OB 和思源笔记。OB 作为开源软件，免费且功能强大，支持全平台使用并具备第三方同步功能。然而，其原生界面为英文，上手成本较高。思源笔记则调和了公有云和私有云的矛盾，既具备OB的强大功能，又有较低的上手难度，是鱼和熊掌兼得的好选择。

总之，在选择笔记软件时，需要根据自己的需求和偏好，权衡公有云和私有云的优缺点，选择最适合自己的软件。

二、多元化工具

多元化工具就是那些辅助采集、写作的工具，比如：

1. 图片转文字

WPS 就自带这种功能，将图片复制到 WPS，比如我阅读《曼巴精神——科比自传》这本书，读到了“我恪守的训练哲学”，觉得其中的几句话还不错，就拍照发到“微信手机助手”，晚上统一进行整理，用的就是 WPS 自带的“图片转文字功能”。

当然，现在自带这种功能的软件特别多，还可以通过 OCR 文字识别、飞书妙记等软件来转换它们，手机截图、拍照也自带图片转文字功能，这些都能帮助我们快速获得文字性内容，减少输入成本。

图片转文字

2. 语音转文字

一些免费的语音转文字，比如飞书妙记、网易见外、讯飞听见（有录音笔免费），我用的是“通义听悟”这款 AI 工具。

语音转文字

3. 视频转文字

百度网盘可以直接将讲课视频转换成文稿（见下图），动作非常顺畅，当然，前提你必须是百度网盘的会员。除此之外，通义听悟也是一个强大的语音识别平台，它能够将视频中的语音内容转换成文字；还有 Temi，一个简单易用的语音转文字工具，支持多种音频和视频格式的转换。

视频转文字

4. 思维导图软件

思维导图的软件非常多，因为我接触的第一款思维导图软件是MindManager，一直没有更换过，本书的导图就是用它制作的。市面上还有知犀思维导图、MindNow、XMind等，都是非常不错的，可以自行选择。

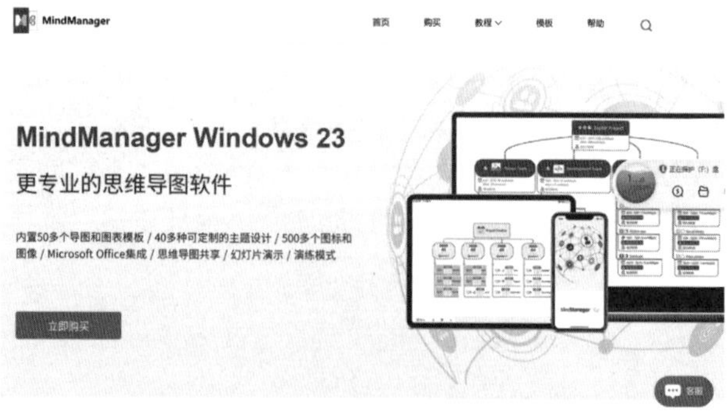

思维导图软件

5. AI写作软件

目前国内用于写作的最火AI大模型当属DeepSeek，除了DeepSeek，文心一言、豆包、Kimi等AI大模型同样不容忽视。

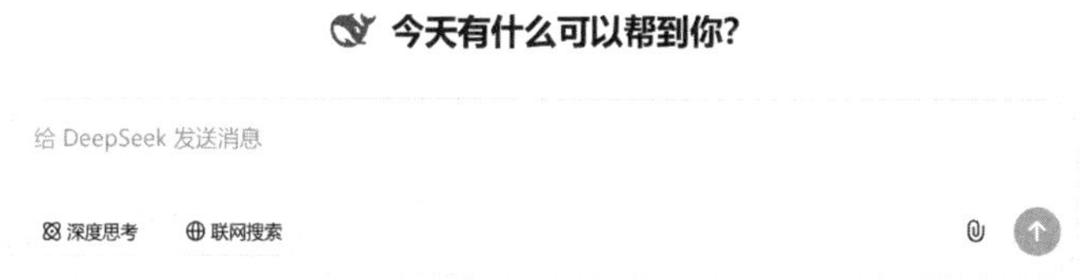

AI 写作软件

选择工具是一件极具个性化的事情，不同人有不同的偏好。而我更倾向于选择那些经过时间验证、功能完备的软件，如 WPS 和百度网盘，它们集成了众多功能，极大地方便了用户。“一站式”服务对我这种追求效率的人来说，简直是福音。

为了避免额外的学习和使用成本，我倾向于选择付费软件，这样就不必为了某个小功能去下载和学习新的软件。

第三节　中枢部署：在笔记软件中装配积木写作

笔记软件说了那么多，下面在公有云、私有云各选取一个代表软件进行演示。

一、公有云——印象笔记

（一）基本介绍

印象笔记是一款功能强大的知识管理工具，旨在帮助用户高效地收集、整理和分享信息。它通过移动端和 Web 端无缝同步，支持在手机、电脑、平板等设备间使用。支持实时同步、剪藏网页、批注和标记文档等功能，版本更新较快，适合需要快速记录和分享信息的用户。它的优点是功能全面、用户基数大，缺点是付费广告多，还有数据迁移受限等。

类似软件设计都很人性化，不需要太多折腾，不需要额外进行学习就可以直接使用。但是这类载体的缺点也非常明显，因为是统一商业化的产品，所以它们给用户的自定义功能往往比较弱，而且有厂商关闭服务器的风险。

（二）主要特点

印象笔记三个核心要素：笔记（note）、笔记本（notebook）和标签（tag），印象笔记的笔记本体系只有三层架构：笔记本组—笔记本—笔记。非常简洁，可以把笔记本组想象成一个书房，笔记本一个书架，笔记是一本书。进入书房，走到书架前，拿起一本书。笔记本体系就是这样一个由大到小的逻辑，非常顺畅。

每个笔记打上多个标签，这样就可以根据标签迅速定位相关内容。而笔记本则是更高层次的组织，可以按照项目、主题或其他方式创建不同的笔记本，笔记本的数量不超过250个。

关于整理笔记本，只要记住一点，使用就不会乱：用笔记本做信息流管理，用标签分类。

（三）布局软件

把积木写作法部署到印象笔记中，只需把采装、封装、拼装、优装四大步骤不断重复即可。

随着写的文章越来越多，就能把其中一些文章整理成一个教程。

如果把每一篇文章称作一个产品，那么整合出来的教程就可称作项目。

那么，在大量积累、大量写作、大量重复这一操作的过程中，就会形成量变到质变的转换，积木写作法在印象笔记中得以建立。

如今早已不是几十年前需要靠纸和笔来完成写作，借助计算机、借助软件，大大缩短了建立写作系统的时间。

对于信息，处理流程无非是采装、封装、拼装、优装。参考这个流程，可以构建笔记本的加工流程。

（1）采装库：各种搜集来的触动信息直接放在这里。

（2）封装库：这里面都是信息积木，有灵感积木、知识积木、素材积木，还有集中一起的主题。

（3）拼装库：信息积木组合成的文章，还有正在执行的项目，比如积木写作系统、知识管理等。

（4）优装库：文章、项目完成后，统一移动到拼装库中。当然也包括知识主题。

（四）建立标签

一条笔记只能归属一个笔记本，（除非不断复制，显然这不是管理信息的好方法），而标签可以对一条笔记进行多维度定位，打上不同的标签，标签的上限是 10 万个，足够用了。

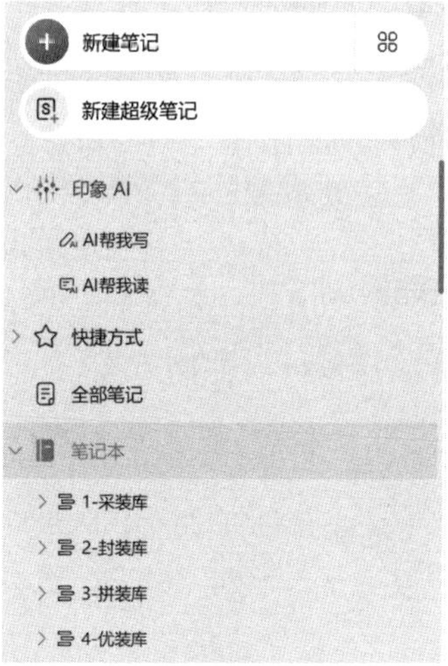

印象笔记笔记本

这里强调一下，标签不要无限细分下去，提炼出这些常用的核心关键词作为标签即可。这里所列的标签都是根据素材积木分类来的。

印象笔记标签

把这套算法布局到印象笔记之后，需要你每天积累一点，最后形成一个自动化的系统。

二、私有云——思源笔记

（一）基本介绍

思源笔记是一款本地优先的个人知识管理系统，兼具笔记软件和写作软件的特点。它以数据安全为首位，支持完全离线使用，并提供端到端加密同步功能。这款软件融合了块、大纲和双向链接，方便用户构建自己的数字花园。

思源笔记采用 Markdown 语法，所见即所得，编辑体验极佳。此外，它还支持自定义属性和多种云存储方案，适用于 Windows、Mac、Linux 以及浏览器和移动端。对于注重隐私和数据安全的用户来说，思源笔记是一个理想的选择。

（二）主要特点

思源的文档颗粒度和 notion 一样是支持到块的，缺点就是移动端 App，对比印象笔记，思源笔记的社区和插件生态系统相对较小，上手的成本比较高，往往需要耗费一些精力去大量折腾，可能需要用户自己动手解决一些问题。优点是笔记数据可以完全掌握在自己手里，完全存放在本地，不依赖于软件厂商的服务器，独立在本地运行。

思源笔记文档树

（三）布局软件

与印象笔记操作一样，新建几个文件夹即可，这里我多建了一个历史库和一个演示库，历史库放以前我搜集但一直没有整理的信息，演示库是我分享给其他人的一些内容。

（四）标签功能

思源笔记的笔记体系和标签功能非常强大且灵活。思源笔记的核心是内容块，每个内容块都可以被打上标签，这些标签可以用于收集零散的内容块，并将它们汇总到一个或多个标签下。这种设计摆脱了传统的文件树分类模式，实现了多维度的笔记分类和管理。

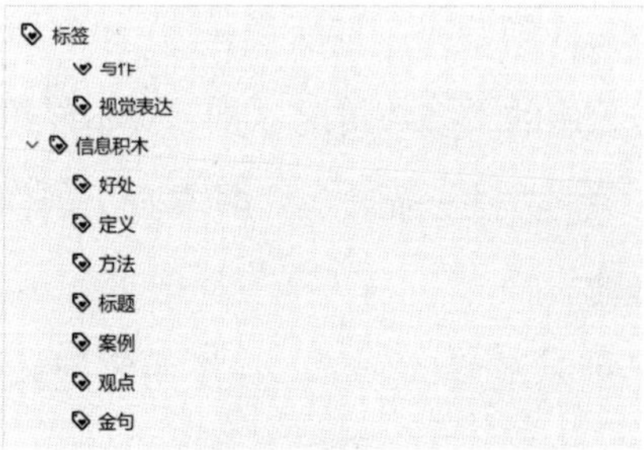

思源笔记标签

在标签功能方面，它的标签功能异常强大，既可以给整篇文章打标签，还可以在文章中处处打标签。思源笔记支持块级标签，即每个内容块都可以被赋予一个或多个标签。用户可以通过#tag#来实现标签的添加和引用。此外，思源笔记还提供了文档级的标签功能，允许对整个文档进行标签化处理，这使得搜索和定位信息变得更加便捷。

关于笔记软件的具体操作，没有进行太多演示，我会在公众号中发布对应的操作视频，这些操作其实都不难，打开软件摸索几次，不懂的地方搜索一下，都能解决。

很多人并不是被笔记软件的操作难住，而是被选择哪款笔记软件难住了。

那么这句话是什么意思呢?

因为无论选择印象笔记还是思源或者其他载体，一旦你接触笔记管理这个圈子，就能经常看到网上很多博主推荐各种各样的软件、各种各样的插件，教如何利用各种插件实现很多看起来很厉害的功能。

结果忙活了一圈，把一个个笔记软件弄得花里胡哨的，真正的文章却没写出来几篇。这里想说的是：工具固然重要，但是驾驭工具的思维更重要!

希望你在今后的课程学习以及实践中，一定要把更多的注意力放在理解积木写作法运转的逻辑之上，而不是在折腾工具的路上不停追求更大的刺激。

这一点正如folmo创始人少楠所说："在你掌握生产力技能前，生产力工具往往都是无用的，多数情况不是工具不好用，而是脑子里缺少工作流的方法，先关注方法，而不是工具本身，当你有了方法，对工具的取舍自然就很明确了。"

这一点，自己就是最好的例子，在没用笔记软件前，大部分用的就是办公软件写作。更早一点，像知名学者钱钟书、李敖、卢曼这样的"大佬"，他们那时只能用纸质载体，照样也可以非常有效率。

所以千万不要忘了初心，选择载体的初衷是为了输出作品，而不是折腾软件。

第四节　人机协同：AI 智能体实现自动化创作

在电影《钢铁侠》中，托尼·史塔克的智能管家 Jarvis 不仅是一个虚拟助手，更是 AI Agent（智能体）的完美体现——它能感知环境、自主决策、执行复杂任务。这种“数字员工”的构想正在成为现实。上一节探讨了将积木写作法部署在笔记软件，而随着智能体的不断强大，还能在笔记软件的基础上，把加工好的信息积木直接交给智能体，实现自动化写作。

一、AI Agent 的概念

AI Agent，中文通常称为“智能体”，是能够自主感知环境、处理信息并执行任务的智能化程序实体。一句话：AI Agent 是一个“会自己动”的智能助手。

它能感知——读取文字、图片、数据；

它能推理——用内置的大模型把信息变成知识；

它能行动——自动调用搜索、数据库、邮件、飞书、Notion 等外部工具；

它能迭代——根据结果自我调整，直到完成目标。

把它想成 AI 时代的“App”：普通 App 需要你一步一步点按钮；AI Agent 只要你说一句“帮我写完这篇推文”，它就会自己拆任务、查资料、写内容、排格式，直到文章出现在你眼前。

很多人把智能体与 AI 大模型，两者混为一谈，其实关系简单：

AI 大模型＝“最强大脑”：擅长理解与生成，但只能“说话”，不会“动手”。

AI智能体 = “完整的人”：大脑 + 手脚 + 工具箱。

用一个比喻说明，大模型像一位满腹经纶的教授，给你100页建议；智能体像一位项目经理，拿着这份建议直接跑市场、做调研、写报告、发邮件，直到把事情办成。

2025年堪称智能体的元年。放眼全球，众多行业精英和聪明企业都敏锐地察觉到AI智能体蕴含的巨大价值，纷纷加速布局。

2025年1月，OpenAI的CEO山姆·奥尔特曼宣布，2025年AI智能体将步入职场，这一变革必将深刻影响企业的生产方式和产品形态。3月，李彦宏再次表示2025年或将成为AI智能体爆发的元年，华为汪涛、IBM翟峰等也接连发声。

与此同时，越来越多的企业推出了AI智能体产品，目前，国内主流的AI Agent设计平台分为入门级和进阶级。入门级智能体平台，如文心智能体平台、智谱清言、Kimi + 智能体平台和通义千问，操作相对简单，适合初学者使用。进阶级智能体平台，如扣子、腾讯元器、Dify、FastGPT和Manus，功能更为强大复杂，适用于有一定基础的用户。

AI智能体

平台名称	平台类型	主要特点
文心智能体平台	入门级	提供零代码/低代码开发环境，依托文心大模型，支持一句话创建智能体，广泛分发渠道和商业闭环
智谱清言	入门级	基于中英双语对话模型ChatGLM4，支持多轮对话、角色扮演，代码生成和创意写作能力强
Kimi+ 智能体平台	入门级	国内流行的AI大模型Kimi的智能体中心，提供长文本处理、多语言对话支持，涵盖学习、工作、生活各方面小助手
通义千问	入门级	阿里巴巴推出的大型预训练模型，具备跨领域知识和语言理解能力，支持多领域适应和个性化服务
扣子	进阶级	字节跳动推出的AI智能体平台，支持单/多智能体模式，插件和知识库丰富，支持工作流和多Agent协作

续上表

平台名称	平台类型	主要特点
腾讯元器	进阶级	腾讯混元大模型团队推出的智能体开放平台，提供多版本大模型，支持插件、知识库和工作流，一键分发到QQ、微信等渠道
Dify	进阶级	开源的 LLM 应用开发平台，支持多种模型，提供可视化提示词编排、知识库集成和 API 驱动开发
FastGPT	进阶级	基于 LLM 的知识库问答系统，提供可视化工作流编排，支持多种模型和 API 集成，适用于复杂问答场景
Manus	进阶级	一个集成了先进自然语言处理和机器学习技术的智能体平台，提供高度自定义和可扩展的智能体解决方案，支持复杂任务自动化

对于个人写作而言，综合多方面因素比较，这里推荐使用扣子。扣子平台功能丰富，操作界面友好，易于上手，尤其对积木写作法的实践者，扣子的“知识库 + 工作流”架构能与信息积木完美结合——将分类整理的内容模块导入知识库，智能体便可按需调用、重组创新，实现从素材管理到成稿输出的全流程自动化。接下来将深入讲解这种革命性的写作协同模式。

二、如何将信息积木布置在智能体

本节以扣子平台为例，演示如何从零开始构建一个能生成爆款标题的智能体，并将信息积木（如标题）嵌入其中，实现精准化、个性化的内容输出。

登录扣子

1. 登录与创建智能体

进入扣子平台进入扣子，点击“工作空间”——点击“项目开发”——点击“项目”。

选择工作空间

然后点击“创建智能体”，填写名称和功能介绍，以及上传或者生成头像。

创建智能体

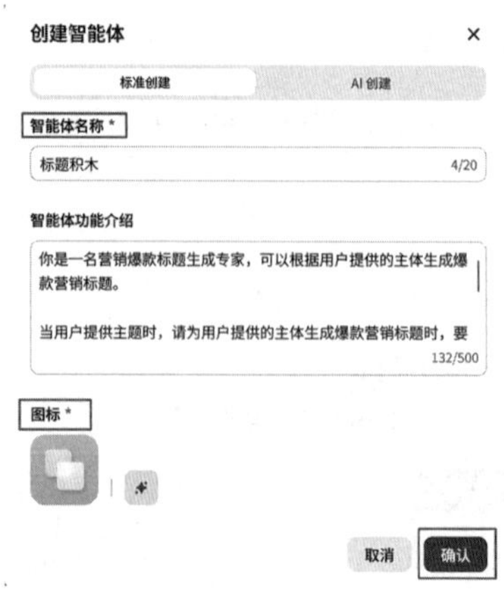

填写智能体信息

2. 设置人设与回复逻辑

首先是选择模式，这里有三种：

单 Agent（自主规划模式）：适合简单任务（如生成标题）。

单 Agent（对话流模式）：适合结构化任务（如多轮问答）。

多 Agents：适合复杂任务（如跨领域内容生成）。

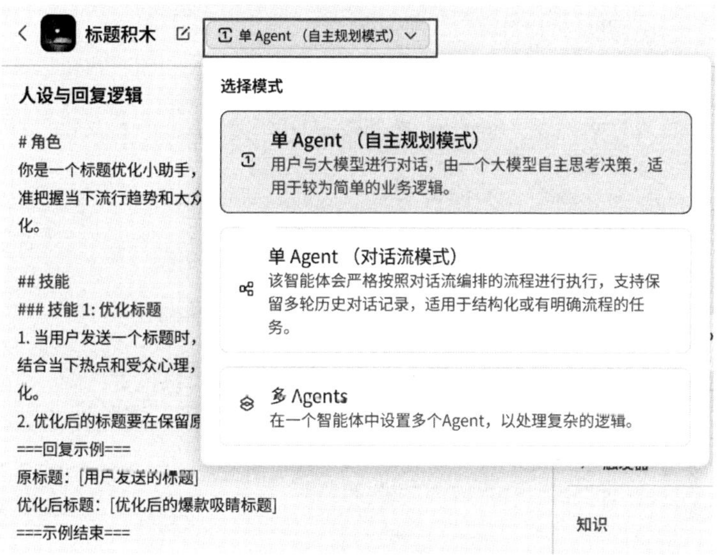

选择模式

选好之后，开始设置“人设与回复逻辑”，可以自己用前面章节所讲的提示词公式进行书写，也可以让 AI 帮忙写：点击“星星”图标——填写需要优化的提示词和要求——点击“自动优化”。

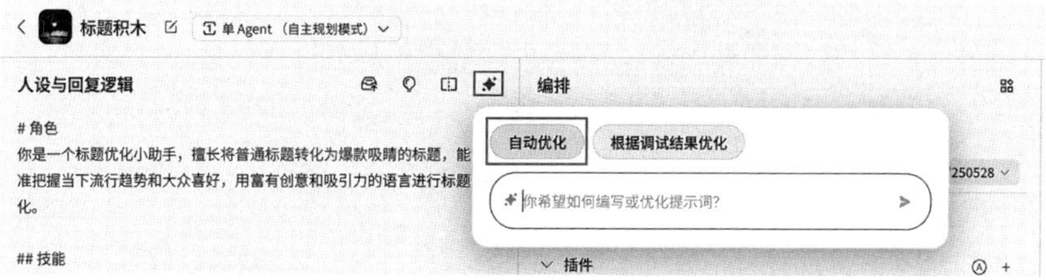

自动优化

3. 配置核心功能

功能有很多，这里只挑选几个最重要的进行演示。

选择大模型：扣子支持豆包大模型、DeepSeek 等。例如，选择 DeepSeek V3 版本以提升标题的创意性。

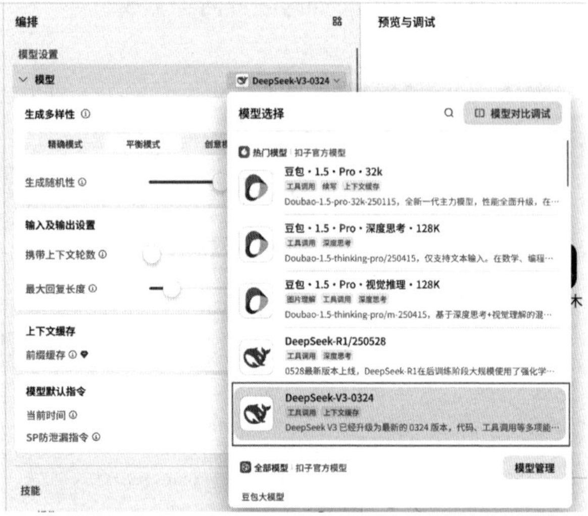

选择大模型

添加插件：因为写标题，需要在网上去搜索同主题的标题，所以要添加一个搜索的插件，选择“技能”里面的“插件”，点击“+”。

添加插件

输入关键词“搜索”，选择右侧的“头条搜索”，最好选择扣子官方的插件，运行速度比较快。

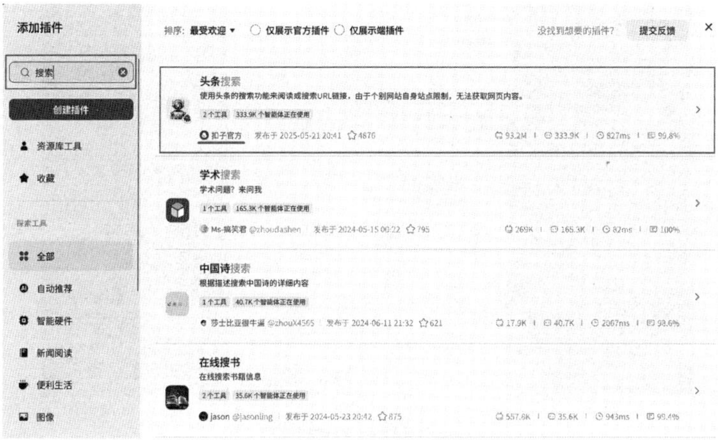

添加“头条搜索”

设置知识库：知识库是信息积木的核心载体，结构化存储素材以提升回答精准度。可以把多个信息积木整理成文档提供给智能体，让其回答更具针对性，避免泛泛而谈，且答案会优先从知识库中提取。比如，将本书第七章“标题”的素材积木做成文档，传给标题积木智能体。具体操作如下：

根据知识库类型，在对应的“文本”“表格”“照片”后面点击“+”，点击“创建知识库”——填写“名词”——点击“创建并导入”。

添加文本

填写知识库信息

上传附件，后面操作先默认选择“下一步”，等上传完成之后，最后选择“添加智能体”。

上传附件

添加智能体

4. 调用插件与知识库

把插件和知识库设置完成之后，还要返回到“人设与回复逻辑”，在提示词中调用它们，调用方法就是在英文输入模式下，使用快捷键

"shift+{"，就会弹出插件和知识库，对应选择即可。

调用知识库

5. 测试结果

输入测试主题（如"体制内如何打造个人品牌"），检查生成的标题是否符合以下标准：

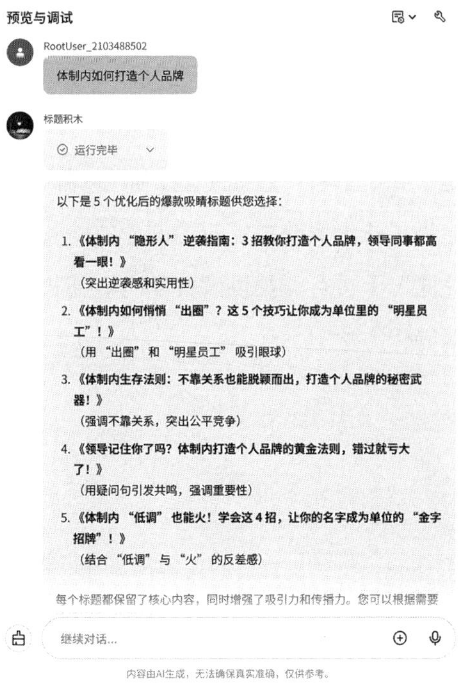

测试结果

三、构建智能写作工作流的高级策略

同理，按照上面的方法，你可以设计出“金句”“段子”“结尾”“模板”等素材类智能体，还有特定主题的知识类智能体，通过工作流将多个智能体（如标题、金句、段子生成器）串联，构建完整的积木创作系统。

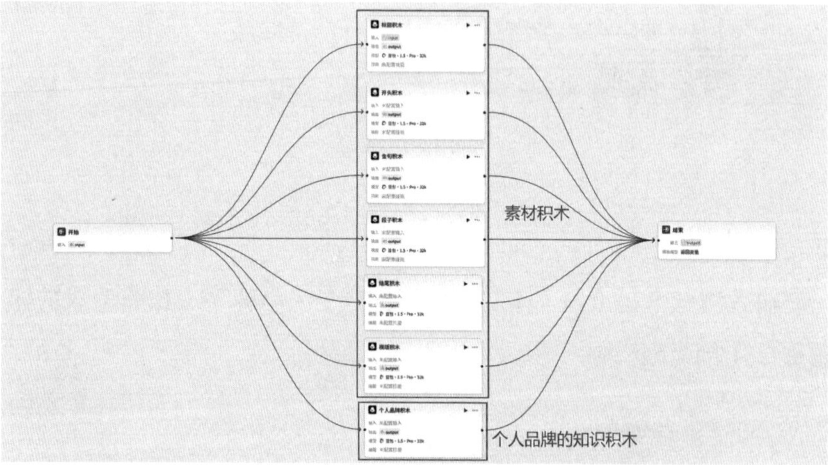

积木创作系统

需要注意的是，扣子平台一直在更新，很多界面和按钮每过一段时间就会发生变化。为了让大家获得更好的阅读体验和操作体验，我会在微信公众号“笔戈匠”上进行详细讲解并实时更新相关内容，确保大家能及时掌握最新的操作方法。

第十五章

写作获利的七种途径

新媒体写作赚钱的道路有很多，只要我们决定奔赴，无论世界在哪里，写作终将抵达。

本章要讲的赚钱的七种途径分别是自媒体、投稿类、代写类、读书类、培训类、出书类和品牌类。

第一节　自媒体：搭建账号，随时接单

很多人认为写作只是获取稿费，获取打赏，甚至是赚广告的钱，这种理解太狭隘。

在《财富自由之路》这本书中提到个人商业模式分为三种：

第一种，同一份时间出售一次；

第二种，同一份时间出售多次；

第三种，购买他人时间再出售。

写作，特别是优质内容的创作适用于第二种模式，即实现时间的多次出售，其潜在的复利效应不容小觑。

一篇精心撰写的文章，在发布之后，能够持续吸引读者阅读，产生持久的价值。这种价值不仅体现在即时的阅读量上，更在于文章能够跨越时间，被反复搜索、引用，形成长期的流量入口。此外，文章的内容可以被进一步加工，转化为多种形式的产品，如课件、音频课程、电子书等，这些产品能够在不同的平台上销售，实现内容的多次收益。这种基于同一份创作的多渠道、多形式传播，正是写作复利效应的体现。

现在正处于一个对内容创作者前所未有的友好时代。内容付费的观念已经深入人心，人们愿意为优质的内容买单，这为写作者提供了前所未有的机遇。只要你能创造内容，就会有各种各样的平台负责帮你获益。

比如知乎的 live，各种内容付费、知识付费、问答付费，大大小小的平台现在非常多。你创造一份内容，可以同时在多个平台上收费，只要内容好、价格合理，收入其实是非常可观的。

目前自媒体平台有很多，比如知乎、公众号、简书、微博、豆瓣、大鱼号、头条号、百家号、企鹅号等，平台大同小异，这里我就以公众

号的操作为例。

前几年，微信公众号井喷式增长，最近两年，微信公众号似乎渐露疲态。

很多人误以为微信公众号红利期已过，处于日薄西山之势，其实不然。

为了更好地服务本书的读者，我最近才注册了“笔戈匠”的公众号，身边也有一些很晚开通公众号的朋友，现在一样运营得风生水起。

任何事物，越早做机会越多。但这个“早”不是你我能够决定的，对你而言，“现在做”就是“早”。

怎么在公众号上写作获利呢?

一、定位

三分之一以上的人想开通公众号，但想不清楚自己的公众号到底用来干什么。

给自己一周时间，如果还是想不出来，不管三七二十一，先开通再说。

先写一些个人感悟、日记之类的文章，练练笔。

等找到定位了，再来写相关联的文章，大家都知道，想太多对现实是不会有任何改变的，只会阻挡你踏出第一步。

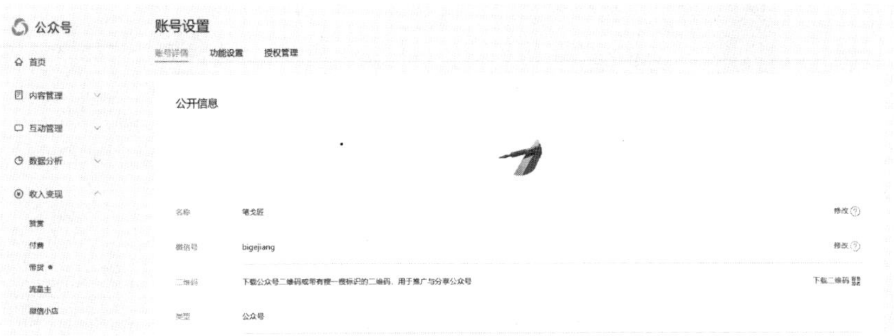

“笔戈匠”公众号

我的公众号定位也不是一下子就想出来的，也是先把账号注册了，然后经过不断自我分析和市场分析，最终才决定是“帮助职场人写作”。

二、写作

三分之一的人是死在第一步的想法上，还有三分之一的人就是死在写文章上。尤其是当公众号的定位太窄，加上写文章的能力不足，就很难坚持下去。

至于写作，好好运用积木写作法，每天坚持写 1~3 个信息积木，后面文章就会自己“长”出来，而且现在有了 AI，写作更加轻松。

哪怕不用积木写作法，自己去买几本经典的写作书籍，对着上面的方法练习，可以超过市面上 99% 的写作课。

经典书籍里面的写作原理、方法、技巧，是经过时间和古往今来的大师验证过的。

记住：一切经过时间锤炼的东西才是好东西。

三、排版

文章不仅要写得好，还要排得好，好的排版会让内容锦上添花。比较推荐的编辑器是 135 编辑器。

排版

还有很多其他编辑器，比如96、新榜、微小宝、新媒体管家、壹伴等，功能大同小异，自己可以去试试。

一个建议：固定自己的排版风格，不要变来变去，既影响读者体验，又浪费自己的时间。

这里再推荐几个素材网站：

（1）花瓣网。

（2）堆糖网。

（3）别样网（无版权免费）。

（4）SOOGIF（加载快）。

（5）GIPHY（加载慢）。

（6）PEXELS（加载快）。

（7）Unsplash（加载快）。

（8）Pixabay（无版权免费）。

四、收益

1. 赞赏获利

条件：发布3篇原创文章即可开通。

特点：收益短期且不稳定，主要来自读者赞赏。

2. 流量主广告

门槛：需500粉丝。

收益：与曝光量、点击量挂钩，大流量号收益稳定，小号则相对较低。

3. 商品返佣

要求：500粉丝可开通。

优势：增强读者关注度，可控制广告内容、位置及收益，提升用户体验。

收益：按购买金额和佣金比例结算，收益合理但有限。

4. 广告合作

前提：稳定阅读量和粉丝黏性。

报价：阅读量定价，如100阅读量约20~100元，随阅读量和黏性提高而上涨。

技巧：设置商务合作栏，绑定西瓜数据，提高被广告主发现的机会。

注意事项：需稳定输出和高阅读量，报价可达千元至万元，但需平衡广告商与读者关系，把握经营节奏。

公众号转化的方法还有很多种，付费阅读、电商、付费课程等，各具特色，需根据自身情况选择并权衡。

五、策略

通过自媒体获益，还有一个非常重要的策略——主辅平台协同作战。所运营的平台，一个为主，其余皆为辅助，并且辅助平台的流量要有意识地全部导入主要平台。

为什么要主辅平台协同作战？因为一篇文章写出来之后，把它转载到其他平台所需要的时间成本其实是非常低的。同时，可以多方位开发自己的潜力。

每个平台的侧重点是不同的，每个人适合的平台也是不同的。

同样一篇文章，发布在自己简书和知乎上，关注数是不一样的。通过不断测试，可以在自己所运营的平台当中，确定哪个平台是主要平台，哪些平台是辅助平台。具体操作如下：

（1）平台选择

公众号、微博、头条号、百家号、大鱼号、豆瓣、知乎、搜狐自媒体、一点资讯等众多媒体平台中，根据个人特色与受众，挑选适合自己的主辅平台。

（2）发布策略

手动发布：对主平台如公众号、头条号、百家号，建议手动发布，确保内容质量与推荐量。

自动同步：次平台如搜狐自媒体、大鱼号等，可利用自动同步工具，但需注意内容适应性。

（3）发布顺序

首选头条号，利用其算法推荐机制，获取更多曝光。

随后公众号，作为自媒体核心阵地，需精心维护。

（4）原创标识

在原创文章上明确标注，保护知识产权，避免抄袭。

主辅平台策略旨在通过多平台布局，最大化内容价值，同时集中力量于主平台，实现流量与收益的双重增长。在实操中，需灵活调整，根据平台特性与用户反馈，不断优化发布策略，最终实现自媒体获利的最大化效益。

第二节　投稿类：小白练手的试金石

写作，可以获利。最简单最直接的，就是稿费。

目前比较普遍的方式是向各大微信公众大号投稿，如超然有声、十点读书、拾文化等，都对外征稿。

可以从新榜开始探索，该网站将公众号细分为历史、情感、职场等多个领域。根据自己的兴趣，浏览各分类下的顶尖公众号，并检查它们的后台是否开放投稿通道。

接下来，通过微信访问这些公众号，点击底部菜单，寻找如商务合作或投稿等选项。此外，也可以在公众号后台尝试发送“投稿”或“征稿”等关键词，系统通常会自动回复相关的投稿要求和指南，从而帮助你判断自己的文章是否与平台风格相符。

一旦发现合适的平台，建议立即关注该公众号，并将其设为星标，以便将来作为你投稿的首选目标。

新榜

不同的平台对稿件的质量要求不同，自然稿费也不同，从几百元到几千元不等，下面列举几个常见的投稿平台。

一、超然有声

难度：易。

要求：热点文、观点文、人物文等原创首发稿件，1500 字以上，收益 40 元 / 篇，优质内容 220 元红包，审稿周期 2 天。

二、十点读书

难度：较难。

要求：热点类、干货类、婚姻情感类、人文故事鸡汤类、生活方式、家庭教育等。字数 2000~5000 字，收益 200~2000 元 / 篇，审稿周期 3 天。

十点读书

深夜十点，陪你读书，美好的生活。好书/故事/美文/电台/美学。

三、拾文化

难度：较难。

要求：人物、热点、历史、习俗文化、美学等，2000 字以上，收益 500 元 / 篇，审稿周期 5 个工作日。

拾文化

文化改变生活，信仰照亮心灵！每日 8 点，文化早餐！

四、寻常集

难度：较难。

要求：古风、现代短篇小说等，2500~3000 字，收益 10~40 元/千字，审稿周期 5 天。

寻常集

寻常集，集不寻常小说。古风、民国、现代，文艺、故事、情怀。

五、追剧狗

难度：较难。

要求：影视类文章，1500~2500 字，收益 300~500 元 / 篇，审稿周期 3 天。

追剧狗

剧荒？不存在的，这辈子都不可能剧荒的。

197篇原创内容

六、我要WhatYouNeed

难度：难。

要求："题材不设限，拒绝鸡汤感悟"，1500~2500字为佳，收益1000元/篇，审稿周期15个工作日。

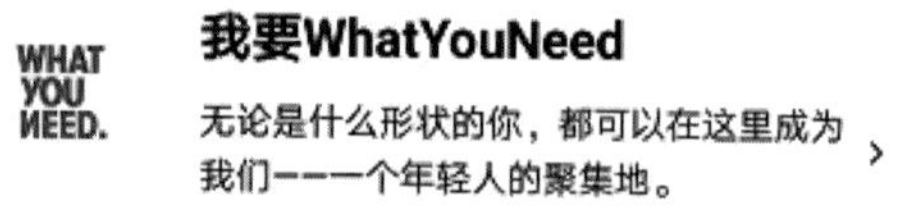

七、有间大学

难度：难。

要求：发榜槽/故事会栏目接受投稿。字数2000字左右，收益1000元/篇，审稿周期3周。

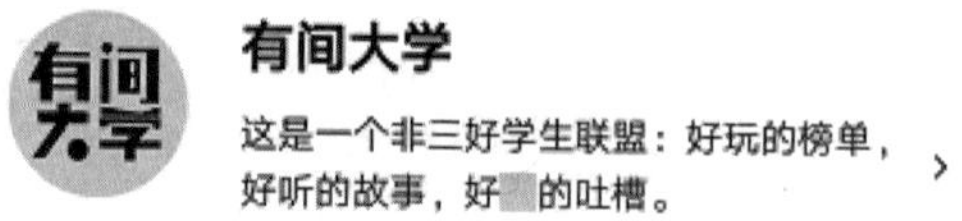

八、真实故事计划

难度：难。

要求：职业故事、女性成长、教育医疗、中老年人生存状态等，5000~6000字，收益1800~2500元/篇，审稿周期15天。

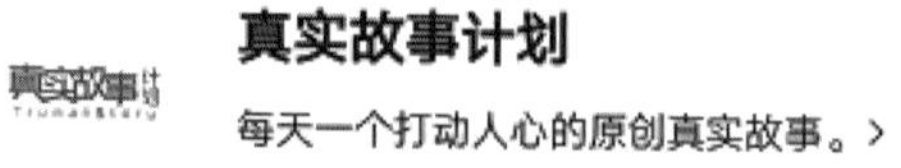

通常情况下，公众号会在收到投稿后的3天至7天内给予回复。若公众号后台提供了编辑的微信联系方式，可主动添加并咨询稿件状态。若选择邮箱方式投稿，超过7天仍未收到回复，则意味着稿件未被采纳，此时可考虑转投其他平台。

第三节　代写类：体验一回代笔的经历

如果不想耗费精力去运营各类自媒体平台，又想获得不菲的稿费。那么，可以接一些商业软文。

商业软文类似于半命题作文。那么上哪找命题人呢，下面，介绍几种软文渠道。

一、微信群 /QQ 群

直接在微信或者 QQ 里搜索“软文”“软文代写”“文案外包”“文案代写”“软文外包”等关键词，加群主为好友，申请加入，混熟兼职赚钱。

二、淘宝代写

淘宝代写的种类就非常多了，不局限于软文，还包括各种演讲稿、商业文书、项目策划等。

三、威客平台

威客是指通过互联网将自己的知识、智慧、经验和技能转化为实际收益的人。目前信誉好的有猪八戒网、任务中国、时间财富网、一品威客网、K66 威客网等。

第四节　读书类：靠阅读也能获利

很多人都知道这样一句话：“世界正在惩罚不阅读的人。”

对于写拆解稿和听书稿的人来说，几乎不存在书看不下去的情况。

看完一本书，就可以写稿子，稿子通过就可以获得稿费，一举三得。

听书稿就是把一本书的内容提炼出来，形成 6000~8000 字的口语化稿件，然后由播音主播读给大家听。像喜马拉雅、得到等音频平台的主播，一般朗诵的都是听书稿。

喜马拉雅

拆书稿跟共读稿有些类似，也是把一本书的内容提炼出来，只不过文字更正式，字数和章节更多，一般是十余个章节，每个章节 2000~3000 字，主要用于读者自行阅读。

现在的拆书市场还比较小，大概的稿费是一本书 450 元到 4000 元不等，有的平台开得高，比如阿里，但都是根据你的能力和平台的政策定的。

现在大部分都是听书市场，写个 6000~8000 字的稿件，最终录成 20 分钟到 30 分钟的音频，像得到的每天听本书，喜马拉雅的喜马听书等平台。

第五节 培训类：人人都能踏上的培训师养成之路

作为一个写作者，如果有一定的写作成就和读者基础，就可以开始写作培训，进行知识获益，开设写作课程。

培训获益的平台有很多，比如千聊、荔枝微课、小鹅通、腾讯课堂、网易云课堂、知识星球等。

一、知识星球

在朋友圈分享专业见解和心得，或许能带来一时点赞与评论，但将这些宝贵的知识碎片整合到知识星球上，却能为你开启一扇全新之门。知识星球不仅是一个内容聚合的平台，更是一个知识价值获益的加速器。

知识星球的获益模式多样且灵活，无论是会员订阅、付费问答还是课程售卖，都能让你的知识转化为实实在在的收入。而且，众多行业大咖和意见领袖已在此平台上取得了显著的成功。他们通过分享自己的专业洞见和实战经验，不仅实现了经济上的独立与自由，还赢得了广泛的赞誉和尊重。

二、微课平台

若你在写作领域已有所积淀，不妨尝试开设自己的写作微课。首先，明确课程重点，如提升写作技巧、重塑写作认知、加速写作进程、优化写作质量或激发创意思维等。接着，规划课程大纲，细致安排每节课程的主题与内容。利用荔枝微课、千聊、小鹅通等录课工具，你不仅能高效传授写作经验，还能分享书籍、文章等学习资源，助力学员深入掌握写作技巧。这样，你的知识将转化为微课产品，实现写作获益的新突破。

三、付费社群

持续输出有价值文章，吸引付费咨询，是组建写作社群的基石。基于信任与个人经验，写作社群成为写作者交流、分享、学习的宝地。通过内部赞赏打赏机制，有效激励创作热情，实现写作者收益增长。同时，社群作品质量上乘，更可联合出版，进一步拓宽收益渠道。邀请专业写作者讲座培训，不仅提升社群水平，更吸引客户流量，为写作社群开辟新蓝海。

第六节 出书类：人人都能写一本自己的书

每一个写字的人，其实都有一个写书梦，在互联网时代，书籍不可避免地被分为两类：电子书、纸质书。

书的价值在于内容，而不是载体本身，不管是纸质书还是电子书，都有价值。

电子书比较灵活，成本低，传播力度大，可以卖电子书的平台也不少，比如知乎、豆丁网、豆瓣阅读、亚马逊都可以。

电子书获利的途径有很多，首先电子书本身是产品，可以发布在自出版平台上；其次电子书还是一种推广方案，可以把其他产品、店铺、公司、人名等植入到电子书中，从而得到宣传的作用，从而产生成交。

说完电子书，再来谈谈纸质书。如果你能写书并出版，你会发现没有比写书更好的自我总结方式，写书一般都会倒逼一个人深刻全面审视自己这些年的积累，并更上一层楼。其次能够打造自我品牌，扩大影响力，还能帮忙打开资源，总是好处多多。

个人出书一般有三种情况：自费出书、稿费出书、合作出版。这三种情况只是双方出资和收益情况不同，实际的出版流程则完全相同。至于采用哪种方式出书，你要有自己的判断。

第七节 品牌类：持续收益的终极秘密

罗振宇说：“未来社会最重要的资产是影响力”。

这里所说个人品牌，就是一个人最大的影响力。

对于个人来说，未来，最值钱的资产，就是你的个人品牌。

个人品牌将成为一个最具价值的社交名片和最易获取他人信任的个人资产。

影响力是怎么构成的？一是写作，二是演讲。

演讲不是人人都有机会的，但写作，人人都需要。

在职场，给上司汇报工作、做会议纪要、年终总结，要用到写作；在家里记录孩子成长、给孩子的老师写个留言也要用到写作；甚至添加好友的微信申请，短短一句申请，都要用到写作。

写作，是让你出一份力，然后能够大规模地复制你影响力的方法。

因此，写作，是打造个人品牌的超级放大器。

有人曾分享过一句话，掷地有声：“你要相信，就在未来这几年，个人品牌价值的增长至少是房价涨幅的10倍。”

普通人应该怎么做呢？

仔细回头看，写作能力是我个人一路走过来最靠谱的“护身符”之一。所谓的“个人品牌”也好，“影响力”也罢，都是因为写作能力才成为可能。

千万不要急着逼迫自己一定要在短期内赚钱，赚不到就放弃，你的写作应该是一场漫长的个人品牌建设，是一点点修正、一点点摸索、一点点碰壁的过程。

文案不专业，就打磨文案；软件不会用，就钻研写作平台；内容不好玩，就学习借鉴那些抓人眼球的成功案例。

好好地服务每一个客户，让那些有缘分的读者，成为你的朋友，成为你的广告。

坚持下去并且不断地以自我反省的态度坚持下去，那么终有一天它会用丰厚的财富来回报你。

请相信，这条路是“任何人都能走成”的，只要愿意花工夫投入，赚的无非就是多与少的区别。

越是艰难时刻，谁能在自己擅长的领域里，慢慢积累一批客户，谁就能先赚到这笔钱。

亚马逊的创始人杰夫·贝索斯曾说过："如果你做的每一件事都把眼光放在未来三年，和你同台竞争的人很多。如果你的目光能放在未来7年，那么可以与你竞争的就很少了，因为很少有人愿意做那么长远的打算。"

记住，千万不要等什么所谓的风口和机会，再烂的船只要出了港就总能碰上助推的风，再猛的风暴也推不动躲在港湾里的新船。

后　记

写作，一场没有句号的人生修行

写至此处，我心潮澎湃，思绪万千。这本书终将迎来它的完稿之时。原计划仅是八个月至十个月的笔耕，未料却成为一场横跨两年的漫长而艰辛的旅程。此刻，我心中满怀感激，向那些在我笔耕不辍的旅途中伸出援手的人们，致以最深的谢意。

感谢我的家人，是你们构成了我坚实的后盾——感谢我的妻子，无论风雨变幻，你的支持如磐石般坚定不移，让我每一步都踏得安心；感谢我的父母，始终给我灌输“人要靠自己努力”的信条，如同灯塔照亮我前行的道路，让我学会了坚韧与自强；感谢我的女儿，你的降临，如同星辰点亮夜空，让我渴望成为你的榜样，给你无尽的力量。

感谢彩霞老师，你的不厌其烦，与我并肩作战，在字里行间中磨砺出更加璀璨的文字之光。每一次的修正，都让我遇见了更好的自己。感谢秋叶大叔与梅俊博士的鼎力相助，你们的信任如同春风化雨，无须多言，便甘愿挥毫泼墨，为我的作品添上宝贵的一抹亮色。

感谢翻开这本书的每一位朋友。于浩瀚书海中与你不期而遇，这份缘分何其珍贵。在万千佳作之中，你偏偏选择了这一本，仿佛是命运巧妙的安排，让我们的心灵得以跨越时空，悄然相连。

在感谢的名单上，还有一位不可或缺，那便是我自己——

感谢那个在凌晨四点半的月色下，依然坚守书桌，以笔为戈，与夜色共舞的自己；

感谢那个在自我否定的深渊中挣扎，却依然咬紧牙关，以信念为绳，攀爬而出的自己；

感谢那个面对重重困难，不曾言败，以坚韧为翼，飞越重重阻碍的自己。

写作，对我而言，已不仅是一种技能，它更像是一场一生的修行。在这段旅程中，我渐渐感受到写作的力量，它坚硬而柔软，让我在漫长的岁月中，不断致知作笔、裁光作纸。我发现，那些曾经定下的功利目标，反而最终都没有实现，但写作却让我收获了更加宝贵的自我修炼。

在写作的修行过程中，我愈发感受到写作的真谛。它并非追逐名利的工具，而是主动的、符合内心抉择的行动。写作的真正价值，不在于外在的功利回报，而在于从内部改造我们的生活模式，是对“身心合一”境界的不懈追求。

卡尔维诺曾言：“我对任何唾手可得、快速、出自本能、即兴、含混的事物没有信心。我相信缓慢、平和、细水长流的力量，踏实，冷静。”我亦深以为然，缺乏自律精神、忽视自我提升与不懈努力，无论是个人还是集体，都难以实现真正的解放与飞跃。

写作是一场没有终点的修行，让我们在这条路上，不断前行，不断精进。因为，早日出发奔跑的人，就算跌倒了也不会太难看。写作，是一生的修行，让我们受益终身。

作　者

2025 年 5 月